루터에게 배우는 주기도문

루터에게 배우는 주기도문

지은이 | 김학봉
초판 발행 | 2025. 7. 23
등록번호 | 제1988-000080호
등록된 곳 | 서울특별시 용산구 서빙고로 65길 38
발행처 | 사단법인 두란노서원
영업부 | 2078-3333　FAX | 080-749-3705
출판부 | 2078-3331

책값은 뒤표지에 있습니다.
ISBN 978-89-531-5135-2 03230

독자의 의견을 기다립니다.
tpress@duranno.com　www.duranno.com

ⓒ 이 출판물은 저작권법에 의해 보호를 받는 저작물이므로
　무단 전재와 무단 복제, 무단 사용을 할 수 없습니다.

두란노서원은 바울 사도가 3차 전도여행 때 에베소에서 성령 받은 제자들을 따로 세워 하나님의 말씀으로 양육하던 장소입니다. 사도행전 19장 8-20절의 정신에 따라 첫째 목회자를 돕는 사역과 평신도를 훈련시키는 사역, 둘째 세계선교(TIM)와 문서선교(단행본·잡지)사역, 셋째 예수문화 및 경배와 찬양 사역, 그리고 가정·상담 사역 등을 감당하고 있습니다. 1980년 12월 22일에 창립된 두란노서원은 주님 오실 때까지 이 사역들을 계속할 것입니다.

기도를 모를 때, 기도를 시작할 때, 기도가 안 될 때

루터에게 배우는 주기도문

김학봉 지음

두란노

목차

추천사　6
머리말　10
프롤로그 | 루터에게 배우는 주기도문의 의미　14

마르틴 루터의
《단순한 기도》(저자 번역)　21

루터와 함께하는
기도 여행　39

| 주기도문 첫 번째 간구 |　40
아버지의 이름을 거룩하게 하시며

| 주기도문 두 번째 간구 |　59
아버지의 나라가 오게 하시며

| 주기도문 세 번째 간구 |　　　　　　　　　78
아버지의 뜻이 하늘에서와 같이
땅에서도 이루어지게 하소서

| 주기도문 네 번째 간구 |　　　　　　　　　100
오늘 우리에게 일용할 양식을 주시고

| 주기도문 다섯 번째 간구 |　　　　　　　　118
우리가 우리에게 잘못한 사람을 용서하여
준 것같이 우리 죄를 용서하여 주시고

| 주기도문 여섯 번째 간구 |　　　　　　　　136
우리를 시험에 빠지지 않게 하시고

| 주기도문 일곱 번째 간구 |　　　　　　　　155
악에서 구하소서

참고 문헌　　175

추천사

종교 개혁자 마르틴 루터는 주님께서 가르쳐 주신 주기도문에 대해 "가장 훌륭하고 완전한 기도"라고 평가하며, 주기도문의 일곱 간구에 대해 영감 있는 해설을 제공합니다. 루터는 주기도문을 통해 그리스도인이 하나님께 어떻게 기도해야 하는지 그리고 기도가 그리스도인의 영적 생활과 실제적 삶에 있어서 어떤 의미가 있는지를 설명합니다.

본서는 7주 동안 주기도문의 일곱 간구를 깊이 묵상하도록 구성되어 있는데, 신학적 해설로 끝나지 않고 각 간구마다 다양한 질의와 구체적인 기도를 통해 주기도문을 삶에 적용하도록 하며, 개인의 작은 실천 일기와 다짐을 쓰도록 합니다. 또한 이 책은 다양하게 활용할 수 있습니다. 개인 묵상이나 가정 예배, 소그룹 모임에서도 활용할 수 있도록 구성되어 있습니다.

오늘날에도 예배 때마다 습관적으로 주기도문을 암송하는 모습을 흔히 보게 됩니다. 저자의 표현대로, 습관적인 암송이 아닌 마음을 담은 기도를 가르쳐 준 루터의 지혜는 현대의 그리스도인들에게도 꼭 필요한 신앙의 가르침일 것입니다. 이 책을 활용하여 주기도문의 한 간구씩을 매일 깊이 묵상하며 날마다 자신의 언어로 기도한다면, 분명 하나님과의 참된 관계 회복과 마음의 치유와 삶의 변화가 일어날 것입니다.

_김만준(덕수교회 담임목사)

기도는 그리스도인에게 호흡과도 같지만, 자연스러운 숨과 달리 우리는 기도 앞에서 종종 막막함을 느낀다. 제자들조차 예수께 나아와 기도를 가르쳐 달라고 요청하지 않았던가. 이에 대한 응답으로 예수께서는 주기도문을 알려 주셨다. 하지만 어느새 입으로는 읊조리면서도 생명력은 제대로 느끼지 못할 정도로, 주기도문마저 많은 그리스도인에게 너무 익숙해져 버린 것은 아닐까.

《루터에게 배우는 주기도문》은 이 무뎌진 영적 자리에서 다시 기도의 삶으로 들어가도록 도와주는 실제적 안내서다. 종교 개혁자 마르틴 루터는 이발사 친구를 위해 주기도문을 한 구절씩 묵상하며 기도하는 방법을 알려 주는 《단순한 기도》라는 편지를 썼다. 이로부터 500여 년이 지난 지금, 김학봉 교수는 이 고전을 새롭게 번역하고, 기도문의 의미를 신학적 깊이와 실천적 언어로 풀어내며, 각 간구를 어떻게 묵상하고 삶에 적용할지 안내하는 작업을 충실히 해내었다. 원래 아신대학교의 경건 훈련 수업에서 신학생들의 영적 성숙을 위해 사용된 이 책은, 처음 보면 얇고 평범한 것처럼 생각될지도 모른다. 하지만 한 문장, 한 문장을 곱씹으며 기도하다 보면, 이 책이 얼마나 영적으로 깊이 있고 신학적으로 균형 잡혀 있는지 곧 깨닫게 될 것이다.

주기도문의 깊은 의미를 새롭게 배우기 원하는 분, 신앙의 언어를 삶의 언어로 회복하고 싶은 분, 암송하던 기도가 '살아 낸 기도'로 변화되기를 소망하는 모든 분에게 이 책은 든든한 동반자가 되어 줄 것이다.

_김진혁(횃불트리니티신학대학원대학교 조직신학 부교수)

그리스도인의 기도는 다른 종교인이나 일반인들의 기도와 다르다. 예수께서 가르치신 기도, 주기도가 있기 때문이다. 그러나 안타깝게도 주기도문은 예배 마침용으로 사용되어, '기도' 대신 외워 버리는 '주문'이 되어 버리곤 한다. 기독교의 신학을 원래의 것으로 복원시킨 종교 개혁자 마르틴 루터는 500여 년 전, 주께서 가르치신 기도의 본령으로 우리를 안내한다. 단순하지만 깊이가 있는 루터의 기도 해설을 읽고, 이를 실제로 기도할 수 있도록 만든 이 책은 고전을 새롭게 읽게 해 줄 뿐 아니라, 기도의 대선배로부터 직접 기도를 배우게 만든다. 온갖 종교와 세속의 영향을 받아 혼란스러워진 개신교의 기도가 이 책을 통해 원래의 의미와 능력을 회복하게 되기를 기대한다.

_김형국(하나복DNA네트워크 대표목사)

주기도문이 암송을 넘어 삶을 변화시키는 살아 있는 기도가 되기를 소망하는 모든 이에게 이 책을 추천합니다. 500여 년 전, 루터가 친구 이발사에게 써 준 편지 속에 담긴 지혜가 오늘 우리에게도 동일한 은혜로 다가옵니다.

저자는 루터의 깊은 신학적 통찰을 오늘의 언어로 정성스럽게 풀어내어, 주기도문의 각 간구가 우리 일상의 구체적인 자리에서 어떻게 실현될 수 있는지 친절하게 안내합니다. 특히 학생들과 함께한 수업 경험이 이 책의 출발점이 되었고, 그 바탕 위에 주기도의 각 간구를 구체적으로 묵상하며 오늘의 삶을 돌아볼 수 있게 한 대목이 돋보입니다. 그런 면에서 이 책은 단순한 번역서나 이론서가 아닌, 살아 있는 영성 지침서라 할 만합니다.

7주간의 묵상 여정을 통해 독자들은 하나님 아버지와의 더 깊은 교제를 경험하고, 기도가 삶이 되는 놀라운 은혜를 맛보게 될 것입니다. 개인 묵상은 물론 가정과 교회 공동체에서도 귀하게 사용되리라 확신합니다.

_최주훈(중앙루터교회 담임목사)

| 머리말

주기도문.

　아마도 가장 많은 그리스도인이 외우고 있는 기도일 것입니다. 예배 때마다 함께 읊조리고, 혼자 기도할 때도 자연스레 입에서 흘러나옵니다. 그런데 언제부터인가 이 기도가 그저 익숙한 문장이 되어 버렸습니다. 마음보다 입이 먼저 움직이고, 마치고 나면 무엇을 기도했는지도 기억나지 않을 때가 있습니다.

　이 책은 아신대학교 1학년 학생들을 위한 경건 훈련 수업에서 시작되었습니다. 신학의 여정을 시작한 학생들과 함께 의미 있는 기도를 배우고 싶었습니다. 그때 떠오른 것이 마르틴 루터(Martin Luther)가 이발사 친구에게 써 준 편지였습니다. 기도로 고민하던 친구의 부탁에 루터는 주기도문을 한 구절씩 풀어 가며 기도하는 법을 알려 주었습니다. 습관적인 암송이 아닌,

마음을 담은 기도를 가르쳐 준 루터의 지혜가 학생들에게 꼭 필요하다고 생각했습니다.

　한 학기 동안 학생들과 함께 루터의 편지를 읽었습니다. 매주 주기도문의 한 간구씩을 묵상하고, 각자의 언어로 기도를 써 보고, 서로의 이야기를 나누었습니다. 그리고 변화는 조용히 찾아왔습니다.

　한 학생은 '하늘에 계신 우리 아버지'를 쓰다가 펜을 놓고 한참을 멈춰 있었습니다. 부모의 이혼으로 상처 받았던 그 학생은 처음으로 하나님을 '아버지'라 부르는 것이 어떤 의미인지 느꼈다고 했습니다. 그 후로 그 학생의 삶에는 놀라운 평안이 찾아왔습니다. 혼자라고 느껴졌던 순간마다 이제는 '아버지'를 부를 수 있게 되었기 때문입니다. 또 다른 학생은 '우리가 우리에게 죄지은 자를 사하여 준 것같이'라는 구절 앞에서 고등학교 시절 자신을 괴롭혔던 친구를 떠올렸습니다. 용서할 수 없다고 생각했는데, 먼저 용서받은 자신을 발견하고는 그 친구를 위해 기도하기 시작했습니다. 몇 주 후, 용기를 내어 친구에게 연락했고, 오랜 상처가 치유되는 놀라운 화해를 경험했습니다.

가장 감사했던 것은 주기도문이 학생들의 '삶'이 되어 가는 모습이었습니다. 아침에 눈을 뜨면 '오늘 우리에게 일용할 양식을 주시고'라는 구절이 떠올라 감사로 하루를 시작하게 되었다는 학생, 시험의 순간마다 '시험에 들게 하지 마시고'를 기억하며 유혹을 이겨 냈다는 학생들의 간증이 이어졌습니다. 주기도문은 이제 단순한 암송이 아니라, 매일의 삶을 이끄는 나침반이 되어 가고 있었습니다.

그 특별했던 수업을 이제 책으로 엮었습니다. 주기도문이 삶이 되는 여정에 이 책이 작은 도움이 되기를 바랍니다. 익숙했던 기도가 새로운 능력이 되기를, 외웠던 문장이 삶을 변화시키는 말씀이 되기를, 그래서 주기도문이 진정 우리의 '삶이 되는 기도'가 되기를 소망합니다.

2025년 7월

김학봉

| 프롤로그 |

루터에게 배우는 주기도문의 의미

당신은 기도할 때 어떤 느낌이 드나요? 혹시 '어떻게 기도해야 할지 모르겠어'라고 생각해 본 적은 없나요? 기도하다 보면 말이 막히기도 하고, 반복되는 기도에 진정성이 사라지는 것 같아 낙심할 때도 있습니다. 하지만 이런 고민은 우리만의 것이 아닙니다. 500여 년 전 종교 개혁자 마르틴 루터 역시 비슷한 고민을 했습니다.

이발사를 위한 기도 편지

1535년, 루터는 자신의 오랜 친구이자 이발사였던 페터 베스켄도르프(Peter Beskendorf)의 부탁을 받고 《단순한 기도》(*A Simple Way to Pray*)라는 글을 썼습니다. 평범한 이발사 친구를 위해 쓴 이 글에서 루터는, 기도가 단순한 의무가 아니라 마음의 일이 되어야 한다고 강조했습니다.

> 참된 기도는, 처음부터 끝까지 내가 드리는 모든 말과 생각을 마음으로 느끼고 집중해서 드리는 것입니다.*

루터는 무심코 기도를 읊조리다 자신이 무슨 기도를 했는지도 모른 채 끝내는 태도를 경계했습니다. 당시 많은 사람은 라틴어로 된 기도문을 의미도 모른 채 반복하거나, 기도의 횟수를 채우는 데만 집중하곤 했습니다. 루터는 이러한 관행이 하나님과의 참된 관계를 방해한다고 여겼습니다.

---

* Martin Luther, "Simple Method How to Pray. Written for Master Peter (Barber)," in *Martin Luther and His Work*, ed. John Treadwell (New York: G. P. Putnam's Sons, 1882), 213.

주기도문, 가장 완전한 기도

그렇다면 루터는 왜 주기도문에 특별히 관심을 가졌을까요? 그에게 주기도문은 예수님께서 직접 가르쳐 주신, 가장 완전한 기도였습니다.

> 주기도문은 나에게 시편보다 더 소중한 최고의 기도입니다. 주기도문은 분명 우리에게 주어진 최고의 기도입니다.[*]

루터는 주기도문의 간결함 속에 담긴 깊이를 발견했습니다. 하나님과의 관계, 일상의 필요, 용서와 보호를 구하는 모든 기도가 이 안에 담겨 있었습니다. 그는 이 기도가 단순히 반복해서 암송하는 것이 아니라, 깊이 묵상하고 개인의 삶에 적용될 때 그 진정한 힘을 발휘한다고 믿었습니다.

---

* 앞의 책, 214.

주기도문을 통한 영적 여정

루터에게 주기도문은 다음과 같은 특별한 의미를 지니고 있었습니다.

첫째, 하나님과의 친밀한 대화입니다. '아버지'라는 호칭으로 시작되는 주기도문은 우리가 하나님의 사랑받는 자녀임을 일깨워 줍니다. 루터는 하나님의 자녀로서 우리가 담대히 모든 것을 아뢸 수 있다고 가르쳤습니다.

둘째, 우리의 전 삶을 포괄합니다. 하늘의 일(하나님의 이름, 나라, 뜻)과 땅의 일(일용할 양식, 용서, 보호)이 하나의 기도 안에 통합되어 있습니다. 영적인 것과 일상적인 것이 분리되지 않는 온전한 신앙을 보여 줍니다.

셋째, 공동체의 기도입니다. 주기도문은 '나의 기도'가 아닌 '우리의 기도'입니다. 이 기도는 혼자가 아닌 함께 걷는 신앙의 여정을 보여 줍니다. 루터는 이를 통해 교회 공동체의 중요성을 강조했습니다.

이 책을 사용하는 방법

이 책은 루터의 지혜를 따라, 7주 동안 주기도문의 각 간구를 깊이 묵상할 수 있도록 구성되었습니다.

7주 여정의 길잡이

각 주차마다 아래 네 단계를 따라 주기도문을 묵상합니다.

1. **루터의 기도** 각 간구에 대한 루터의 깊은 통찰을 만납니다.

2. **묵상을 돕는 글** 주기도문에 담긴 신학적 의미를 배웁니다.

3. **묵상 노트** 질문과 기도를 통해 주기도문을 삶에 적용합니다.

4. **한 주간의 실천 일기** 매일 말씀을 묵상하며 구체적으로 살아 냅니다.

활용 방법

- **개인 묵상** 하루 30분 정도 조용한 시간을 내어 묵상해 보십시오.

- **가정 예배** 일주일에 한 번, 온 가족이 함께 나누어 보십시오.

- **소그룹 모임** 각자의 묵상과 실천을 나누며 서로 격려해 보십시오.

삶이 되는 기도를 향하여

루터는 이렇게 권면했습니다.

> 나는 당신이 주기도문을 기계적으로 반복하며 읊조리지 않기를 바랍니다. … 나는 오히려 당신이 주기도문에 담긴 생각들을 마음에 새기고, 그 생각들에 따라 인도받기를 바랍니다.*

이 책을 통해 주기도문이 더 이상 습관적으로 외우는 말이 아니라, 당신의 삶을 변화시키는 살아 있는 기도가 되기를 소망합니다. 500여 년 전 이발사 친구를 위해 쓰인 루터의 편지가 오늘 우리에게도 동일한 은혜를 전해 주리라 믿습니다.

이제, 함께 이 거룩한 여정을 시작해 볼까요?

---

* 앞의 책, 213-214.

A Simple Way To Pray

마르틴 루터의
《단순한 기도》*

---

* 이 번역은 마르틴 루터의 *Eine einfältige Weise zu beten, für einen guten Freund*(1535) 원문과 John Treadwell의 *Martin Luther and His Work*(1882)에 수록된 영어 번역본 "Simple Method How to Pray. Written for Master Peter(Barber)"를 참고했습니다. 루터의 원저작은 '기도, 주기도문, 십계명 그리고 사도신경에 관하여'라는 부제를 가지고 있으며, 본 번역은 그중 주기도문에 관한 부분만을 담고 있습니다.

'이발사 페터 베스켄도르프에게 보낸 편지'(1535년 봄)

_마르틴 루터

내가 기도할 때 어떤 방식으로 하는지 최선을 다해 말해 보려 합니다. 주님께서 당신과 다른 이들에게, 나보다 더 잘 기도할 수 있는 은혜를 베푸시기를 바랍니다. 아멘.

가끔은 처리해야 할 일이나 복잡한 생각 때문에 기도에 집중하지 못하고 기쁨을 느끼지 못할 때가 있습니다. 우리의 연약한 육신과 악의 세력은 항상 기도를 방해하고 막으려 하기에 그렇습니다. 그럴 때면 나는 시편을 들고 방으로 가거나, 때와 시간이 맞으면 회중이 모인 교회로 갑니다. 그리고 허락된 시간 안에서 조용히 침묵하며 내 마음을 살피고, 십계명과 사도신경을 한 구절, 한 구절 읊조립니다. 시간이 더 허락된다면, 그리스도의 말씀이나 사도 바울의 서신 또는 시편을 어린아이와 같은 마음으로 읽습니다.

아침에 눈을 뜨자마자 그리고 밤에 잠들기 직전에 드리는 기도는 좋은 습관입니다. '조금만 더 있다가. 한 시간 후에 기도해도 괜찮아. 먼저 이것저것 해야 해'라고 말하는 거짓되고 현혹하는 생각으로부터 자신을 지켜야 합니다. 이런 생각들은 당신을 기도에서 벗어나 다른 일에 몰두하게 하여 결국 그날의 기도를 하지 못하게 만듭니다.

물론 기도보다 더 중요하게 보이는 일들이 있을 수 있습니다. 특히 긴급한 상황에서는 더욱 그렇습니다. 히에로니무스(Eusebius Hieronymus)가 한 말로 전해지는 문장이 있습니다. "믿는 사람이 하는 모든 일은 기도다." 그리고 이런 속담도 있습니다. "성실하게 일하는 사람은 두 번 기도하는 것이다." 이는, 믿는 사람은 일을 하면서도 하나님을 경외하고 공경하며, 다른 이들을 학대하거나, 훔치거나, 속이거나, 사기를 치지 말라는 계명을 늘 기억한다는 것입니다. 이런 생각과 믿음은 의심할 여지 없이 그가 하는 모든 일을 기도와 찬양의 제물로 변화시킵니다.

반면, 믿지 않는 사람의 일은 축복이 아니라 명백한 저주가 됩니다. 또한 성실하지 않게 일하는 사람은 두 번 저주를 받는다고 할 수 있습니다. 믿지 않는 자들은 일을 하면서도 하나님을 무시하고 율법을 어기는 생각에 사로잡혀 있습니다. 어떻게 하면 이웃을 속이고 이용하며, 그들의 돈을 빼앗을 수 있을까에 몰두합니다. 이런 생각들이야말로 명백한 저주가 아니고 무엇이겠습니까? 이런 생각들은 그들이 하는 모든 일과 노력을 자신에 대한 저주로 귀착시킨다는 점에서 이중적 저주라고 할 수 있습니다. 그렇기에 그들은 가난한 자들이며, 실수를 저지르는 사람들입니다.

그리스도께서 누가복음 11장에서 '쉬지 말고 기도하라'고 가르치신 것은, 우리가 지속적으로 기도해야 한다는 말씀입니다 (9-10절). 우리는 끊임없이 죄와 그릇된 행실을 경계해야 하는데, 하나님을 두려워하고 그분의 계명을 마음에 두지 않고는 할 수 없는 일입니다. 이는 시편 1편의 말씀처럼, '여호와의 율법을 주야로 묵상하는' 복 있는 사람이 될 때 가능한 일입니다.

우리는 참된 기도의 습관을 깨뜨리지 않도록 조심해야 합니다. 그리 중요하지 않은 일들을 마치 기도보다 더 급하고 중요한 것처럼 여긴다면, 우리는 결국 기도에 게을러지거나, 냉담하고 무감각한 사람이 되고 말 것입니다. 우리를 둘러싸고 있는 악의 세력은 결코 게으르거나 어리석지 않으며, 우리의 육신은 기도하는 마음에 이끌리기보다 오히려 죄를 열망하기 때문입니다.

주기도문

주기도문을 암송하다가 마음이 따뜻해지고 기도에 집중되거든, 무릎을 꿇거나 서서 두 손을 모으고 하늘을 우러러보며, 할 수 있는 한 단순하게 다음과 같이 고백하거나 마음속으로 생각하십시오.

"하늘에 계신 우리 아버지, 저는 가련하고 부족한 죄인입니다. 감히 제 눈을 들거나 손을 올려 주님께 기도할 자격조차 없는 사람입니다. 그러나 주님께서는 우리 모두에게 기도하라 명하셨고, 우리의 기도를 듣겠다고 약속하셨습니다. 또 당신의 사랑하는 아들, 예수 그리스도를 통해 우리에게 기도하는 방법과 내용을 가르쳐 주셨기에, 저는 이 은혜로운 약속을 신뢰하여 주님의 말씀에 순종하며 주님 앞에 나아왔습니다. 저는 주님께서 우리에게 가르쳐 주신 대로, 모든 성도와 더불어 주 예수 그리스도의 이름으로 기도합니다."

이제 주기도문을 처음부터 끝까지 한 단어, 한 단어 주의 깊게 읊조리며 기도하십시오. 그런 후에 한 구절, 또는 원하는 만큼 반복해 기도하십시오.

첫 번째 간구
"아버지의 이름을 거룩하게 하시며."

이렇게 기도하십시오.
"그렇습니다, 주 우리 하나님, 당신의 이름이 우리 안에서 그리고 온 세상에서 거룩히 여김을 받으시옵소서. 하나님의 이름을 오용하고 가증스럽게 사용하여 그 거룩한 이름을 모독하는 이단과 우상 숭배자들, 무슬림과 교황주의자들 그리고 모든 거짓 교사를 멸하고 뿌리 뽑아 주십시오. 그들은 자신들이 주님의 말씀과 교회의 법도를 가르친다고 고집스럽게 자랑하지만, 실상은 주님의 이름으로 악마의 거짓과 속임수를 써서 세상의 수많은 가련한 영혼들을 유혹하고, 심지어 무고한 피를 흘리게 하며 죽이기까지 합니다. 그러면서도 자신들이 주님을 위해 일한다고 믿고 있습니다.

주님, 그들을 변화시키고 자제시켜 주십시오. 변화되어야 할 이들은 변화되게 하셔서, 그들도 우리와 함께, 또한 우리도 그들과 함께 참되고 순수한 교리와 선하고 거룩한 삶으로 하나님의 이름을 높이며 찬양하게 해 주십시오. 거룩한 삶으로 변화되기를 거부하는 이들의 악한 행실을 억제하시어, 그들이 주님의 이름을 오용하거나 더럽히지 못하게 하시고, 더 나아가 가난한 사람들을 잘못된 길로 인도하지 못하도록 막아 주십시오. 아멘."

두 번째 간구

"아버지의 나라가 오게 하시며."

이렇게 기도하십시오.
"오, 사랑하는 하나님 아버지, 주님은 이 세상의 권력자들이 어떻게 당신의 이름을 모독하는지 그리고 어떻게 당신께 드려야 할 영광을 거짓되고 악한 세력에게 돌리는지를 보고 계십니다. 또한 그들이 당신께서 주신 힘과 권세, 부와 영광을 가지고 주님의 나라를 섬기기보다 자신들의 야망을 위해 사용하며, 어떻게 주님의 나라를 대적하고 있는지도 보고 계십니다.

그들은 많고 또 힘이 강합니다. 그들은 주님의 나라, 그 작고 약하고 힘없는 적은 무리를 괴롭히고 방해합니다. 지상에 있는 주님의 백성을 너그럽게 대하지 않을 뿐만 아니라, 오히려 그들을 괴롭히며 자신들이 주님을 거룩하게 섬기고 있다고 착각합니다.

　사랑하는 주 하나님 아버지, 그들을 변화시키고 우리를 지켜 주십시오. 하나님 나라의 백성이 될 이들을 변화시켜 주셔서, 그들이 우리와 함께 그리고 우리가 그들과 함께 하나님 나라에서 참된 믿음과 진실한 사랑으로 주님을 섬기게 해 주십시오. 그리하여 우리가 이미 시작된 하나님 나라에서 영원한 하나님 나라로 나아갈 수 있게 해 주십시오. 주어진 힘과 권세를 당신의 나라를 파괴하려는 자들로부터 우리를 지키는 데 사용해 주시고, 높은 자리에 있는 자들을 쫓아내고 낮추어서 그들의 악한 행실을 멈추게 해 주십시오. 아멘."

세 번째 간구

"아버지의 뜻이 하늘에서와 같이
땅에서도 이루어지게 하소서."

　이렇게 기도하십시오.
　"오, 사랑하는 주 하나님 아버지, 주님은 이 세상이 당신의 이름을 없애거나 당신의 나라를 뿌리 뽑지 못하면서도 당신의 이름과 말씀 그리고 당신의 나라와 백성을 무너뜨리기 위해 악인들이 밤낮으로 꾸며 내는 악한 속임수와 계획, 음모와 간계를 잘 알고 계십니다. 그들은 비밀스럽게 모여 서로를 격려하고 지지하며, 격노와 위협을 멈추지 않습니다.

사랑하는 주 하나님 아버지, 그들을 변화시켜 주시고, 우리를 지켜 주십시오. 주님의 선하신 뜻을 알지 못하는 사람들을 변화시켜 주셔서, 그들이 우리와 함께 그리고 우리가 그들과 함께 주님의 뜻에 순종하게 하시며, 기쁨과 인내로 모든 악과 십자가와 역경을 견디게 해 주십시오. 이로써 주님의 자비롭고 은혜롭고 완전하신 뜻을 인정하고 확인하며 경험하게 해 주십시오.

분노와 격분, 증오와 위협과 악한 욕망으로 우리를 괴롭히는 자들로부터 우리를 지켜 주시며, 그들의 사악한 계획과 속임수와 간계가 무너지고, 시편 7편의 노래처럼 그 모든 것이 그들에게 되돌아가게 해 주십시오. 아멘."

네 번째 간구

"오늘 우리에게 일용할 양식을 주시고."

이렇게 기도하십시오.

"오, 사랑하는 주 하나님 아버지, 이 현세의 육체적인 삶 속에서도 주님의 은혜를 우리에게 부어 주십시오. 은혜롭고 복된 평화를 허락하시고, 전쟁과 무질서로부터 우리를 지켜 주십시오. 황제가 적을 물리치고 승리할 수 있도록 도와주시며, 지상의 왕국을 평화와 번영으로 다스릴 수 있는 지혜와 통찰력을 주십시오. 세상의 모든 왕과 제후들, 통치자들에게 바른 조언을 주시고, 그들에게 자신들의 영토와 백성을 정의롭고 평온하게 지킬 수 있는 의지를 허락해 주십시오.

특히 우리를 보호하고 돌보는 제후 N을 도우시고 인도해 주십시오.* 그가 모든 악한 일로부터 보호받고, 악한 말과 불충한 자들의 위협으로부터 안전하게 되어 자비롭게 다스릴 수 있도록 해 주십시오. 또한 그의 모든 백성이 충성과 순종으로 그를 섬길 수 있는 은혜를 허락해 주십시오. 모든 주민과 농부들이 부지런히 일하고 서로를 자비롭고 충실하게 대하게 하시며, 좋은 날씨와 풍성한 수확을 허락해 주십시오.

저의 집과 재산, 아내와 자녀를 주님께 맡기오니, 제가 그리스도인답게 그들을 잘 보살피고 돕고 가르치게 해 주십시오. 지상에서 우리를 해치고 화를 끼치려 하는 모든 악한 세력으로부터 우리를 지켜 주십시오. 아멘."

---

* 옮긴이 주 - '제후 N'에서 'N'은 특정 이름을 대신하는 표기입니다. 루터는 이 기도문을 쓸 당시 독일 작센 지역을 다스리던 요한 프리드리히(John Frederick I) 선제후를 염두에 두었지만, 이 기도를 읽는 모든 사람이 각자 자신이 살고 있는 나라와 지역의 지도자들의 이름을 넣어 기도할 수 있도록 'N'으로 표기했습니다. 루터는 성경(롬 13장; 딤전 2:1-2)에 근거하여 통치자들을 위한 기도를 그리스도인의 의무로 보았고, 이를 통해 사회의 평화와 안정을 구했습니다.

다섯 번째 간구

"우리가 우리에게 잘못한 사람을 용서하여
준 것같이 우리 죄를 용서하여 주시고."

이렇게 기도하십시오.
"오, 자비로우신 주 하나님 아버지, 우리를 심판의 자리로 이끌지 말아 주십시오. 살아 있는 사람은 그 누구도 주님 앞에서 의롭다 할 수 없기 때문입니다. 영적인 것이든 육적인 것이든, 주님의 형언할 수 없는 선하심을 입고도 감사하지 못했던 우리의 잘못을 죄로 여기지 말아 주십시오. 우리는 하루에도 수없이, 시편 19편을 읽고 우리가 죄인임을 깨닫는 것보다 더 자주 죄에 빠지는 자들입니다.

주님, 지난날 우리가 얼마나 선했는지 혹은 악했는지를 살피지 마시고, 오직 당신의 사랑하는 아들, 예수 그리스도 안에서 우리에게 베풀어 주신 무한한 자비만을 기억해 주십시오. 또한 우리가 우리에게 잘못을 저지른 이들을 마음으로부터 용서하오니, 그들도 용서해 주십시오. 그들은 우리를 해치는 행동으로 주님의 진노를 자초하여 스스로에게 가장 큰 위협을 가하고 있습니다. 그러나 그들이 멸망한다 해도 우리에게는 아무런 유익이 없기에, 오히려 그들이 우리와 함께 구원받기를 간절히 바랍니다. 아멘." (도저히 용서할 수 없다고 느끼는 사람이 있다면, 용서할 수 있는 은혜를 구하게 하십시오. 그러나 이 부분은 설교에서 다루어져야 할 주제입니다.)

여섯 번째 간구

"우리를 시험에 빠지지 않게 하시고."

이렇게 기도하십시오.
"오, 자비로우신 하나님 아버지, 우리가 모든 것을 이루었다고 착각하여 자기만족에 빠지거나, 게으르고 나태해지지 않도록 우리를 늘 깨어 있게 하시며, 주님의 말씀을 읽고 예배하고자 하는 열망을 잃어버리지 않게 해 주십시오. 그렇게 할 때 악한 세력이 우리를 급습하여 놀라게 하거나, 주님의 보배로운 말씀을 빼앗아 가지 못할 것이며, 우리 가운데 분쟁과 분열을 일으키지 못하고, 우리를 영적이거나 육체적인 죄와 수치로 끌고 가지 못할 것입니다. 주님의 영을 통해 우리에게 지혜와 능력을 더해 주셔서, 우리가 담대하게 악의 세력에 저항하고 승리할 수 있게 해 주십시오. 아멘."

일곱 번째 간구

"악에서 구하소서."

이렇게 기도하십시오.

"오, 자비로우신 하나님 아버지, 이 땅에서의 삶은 고난과 재앙, 위험과 불확실함으로 가득 차 있습니다. 그래서 '때가 악하니라'라고 한 사도 바울의 말처럼, 우리는 이 삶에 지쳐 죽음을 갈망하게 될 수도 있습니다. 그러나 자비하신 아버지, 주님은 우리의 연약함을 아십니다. 만연한 악과 죄악에 사로잡히지 않도록 도와주시고, 인생의 마지막 시간이 찾아올 때 이 슬픔의 골짜기를 주님의 자비 안에서 복되게 떠날 수 있도록 해 주십시오. 죽음 앞에서도 두려워하거나 낙담하지 않고, 굳건한 믿음으로 우리 영혼을 주님의 손에 맡길 수 있게 해 주십시오. 아멘."

마지막으로, 늘 확신을 가지고 "아멘!" 하고 응답해야 한다는 사실을 잊지 마십시오. 하나님이 그분의 자비로 당신의 기도를 듣고 "그렇다"라고 응답하신다는 것을 의심하지 마십시오. 당신이 홀로 무릎 꿇고 있거나 혼자 서 있다고 생각하지 마십시오. 오히려 모든 교회와 모든 경건한 그리스도인이 당신 곁에 서서, 당신과 함께 하나님이 받으시는 간구를 드리고 있다고 생각하십시오. "그래, 하나님이 나의 기도를 들으셨어. 나는 이 사실을 분명하고 진실하게 알고 있어"라고 말하거나 생각하지 않고서는 기도를 마치지 마십시오. 이것이 바로 '아멘'의 의미입니다.

나는 당신이 주기도문을 기계적으로 반복하며 읊조리지 않기를 바랍니다. 그렇게 하는 것은 의미 없는 중얼거림이나 헛된 말이 될 뿐입니다. 또한, 평신도들이 드리는 로사리오(Rosario) 기도나 사제와 수도자들이 기도문 구절을 그대로 읽는 것과 다를 바 없습니다. 나는 오히려 당신이 주기도문에 담긴 생각들을 마음에 새기고, 그 생각들에 따라 인도받기를 바랍니다. 이러한 생각들은 당신의 마음이 온전히 기도에 집중할 때, 더 많은 말이나 더 적은 말로 다양하게 표현될 수 있습니다. 나는 주기도문을 기도할 때 특정한 단어나 구절에 얽매이지 않습니다. 오늘은 이런 방식으로, 내일은 저런 방식으로, 그날의 기분이나 느낌에 따라 기도합니다. 그러나 가능한 한 동일한 생각과 개념을 유지하려고 노력합니다. 때로는 한 가지 간구에 너무 많은 생각이 밀려와 나머지 여섯 가지 간구를 잊기도 합니다. 그러나 그런 좋은 생각이 떠오를 때는 다른 간구들은 잠시 미뤄 두는 것이 좋습니다. 그런 생각들이 피어나도록 여지를 주고, 침묵 속에서 귀를 기울이며, 어떤 경우라도 그것을 방해해서는 안 됩니다. 성령은 바로 그 순간에 말씀하십니다. 그리고 성령을 통해 배운 한마디 말씀이 수천 마디의 기도보다 낫습니다. 나는 종종 한마디 기도에서 배우는 것이 많은 독서와 사색을 통해 배울 수 있는 것보다 더 많다는 사실을 깨닫곤 했습니다.

기도를 위해서는 우리의 마음의 준비와 간절함이 참 중요합니다. "서원을 하기 전에 자신을 준비시켜 주님을 떠보는 인간처럼 되지 마라"(집회서 18:23)는 말씀을 기억하십시오. 입으로는 중얼거리면서 마음은 다른 곳에 가 있다면, 그것이 하나님을 시험하는 것이 아니고 무엇이겠습니까? 그렇다면 그런 기도를 드리는 사제와 다를 바 없습니다.

"언제나 나의 보호자가 되시는 하나님(Deus in adjutorium meum intende). 하인아, 말을 풀어 놓았느냐? 언제나 나의 도움이 되시는 하나님(Domine ad adjuvandum me festina). 하녀야, 너는 밖에서 소젖을 짜렴. 성부와 성자와 성령께 영광을(Gloria patti et filio et spiritui sancto). 이런 망할 일이 있나!"

나는 교황 제도 아래서 이와 비슷한 기도를 수도 없이 들었습니다. 그들의 기도는 대부분 이런 식이었습니다. 이것은 하나님을 모독하는 일입니다. 그들이 바른 기도를 드릴 수 없거나 드릴 마음이 없어서 그랬다면 차라리 나았을 것입니다. 안타깝게도 나 역시 젊은 시절에 그런 형식적인 기도를 드렸습니다. 기도를 시작했는지, 아니면 기도 중이었는지조차도 모른 채 시편 기도나 정해진 기도 시간이 끝나 버리기도 했습니다.

모든 사람이 앞서 말한 성직자처럼 의미 없는 말을 쏟아 내거나 기도 중에 다른 일을 하는 것은 아니지만, 많은 사람이 마음속으로 그렇게 하곤 합니다. 그들은 생각 속에서 이리저리 뛰어다니다가 기도 시간이 끝나면 자신이 무슨 기도를 했는지, 무슨 말을 했는지조차 알지 못합니다. 그들은 찬미로 기도를 시작하자마자 금세 엉뚱한 생각으로 빠져듭니다. 만일 우리가 차갑고 분산된 마음으로 기도할 때, 누군가가 우리 마음속에서 벌어지는 일을 볼 수 있다면, 그보다 더 우스꽝스럽고 저속한 일은 본 적이 없다고 생각할지도 모릅니다. 그러나 찬미 받으소서 주님, 자신이 무슨 말을 하는지도 모른 채 드리는 기도는 진정한 기도가 아닙니다. 참된 기도는, 처음부터 끝까지 내가 드리는 모든 말과 생각을 마음으로 느끼고 집중해서 드리는 것입니다.

사려 깊은 이발사는 그의 생각과 관심과 시선을 면도날과 머리카락에 집중할 것입니다. 그는 면도나 이발이 얼마나 진행되었는지 결코 잊지 않습니다. 만일 대화에 너무 몰두하거나 이런저런 생각에 빠져 있다면, 고객의 입이나 코, 심지어 목에 상처를 입힐 수도 있지 않겠습니까? 따라서 어떤 일을 제대로 해내려면 우리의 모든 감각과 신체는 한 가지 일에 온전히 집중해야 합니다. "여러 가지에 마음을 쏟는 사람은 아무것도 제대로 하지 못한다"라는 격언도 있습니다. 그렇다면 좋은 기도를 드리기 위해서는 얼마나 더 많은 집중력과 마음의 단순함이 필요하겠습니까?

이것이 내가 주기도문을 기도할 때 사용하는 방식의 핵심입니다. 지금도 나는 마치 어린아이가 젖을 찾듯이 주기도문을 의지하고, 노인이 되어서도 주기도문을 양식 삼아 먹고 마시며, 결코 그것에 싫증을 내지 않습니다. 주기도문은 나에게 시편보다 더 소중한 최고의 기도입니다. 주기도문은 분명 우리에게 주어진 최고의 기도입니다. 그런데 이렇게 위대한 기도를 드릴 때 그저 중얼거리며 중언부언한다면, 이 얼마나 안타까운 일입니까? 많은 사람이 해마다 수천 번씩 주기도문을 외우지만, 그런 방식에서 벗어나지 않는다면 그들은 천 년을 지속해도 주의 기도에 담긴 진정한 의미를 전혀 깨닫지 못할 것입니다. 한마디로, 주기도문은 이 땅에서 가장 큰 고난을 겪는 순교자와 같습니다. 하나님의 이름과 말씀이 그러하듯 말입니다. 모든 이가 그것을 함부로 다루고 오용하고 있습니다. 그러나 소수의 사람만이 주기도문을 제대로 드림으로써 위로와 기쁨을 누립니다.

Praying with Martin Luther

루터와 함께하는 기도 여행

|주기도문 첫 번째 간구|
"아버지의 이름을 거룩하게 하시며"

|주기도문 두 번째 간구|
"아버지의 나라가 오게 하시며"

|주기도문 세 번째 간구|
"아버지의 뜻이 하늘에서와 같이 땅에서도 이루어지게 하소서"

|주기도문 네 번째 간구|
"오늘 우리에게 일용할 양식을 주시고"

|주기도문 다섯 번째 간구|
"우리가 우리에게 잘못한 사람을 용서하여 준 것같이 우리 죄를 용서하여 주시고"

|주기도문 여섯 번째 간구|
"우리를 시험에 빠지지 않게 하시고"

|주기도문 일곱 번째 간구|
"악에서 구하소서"

| 주기도문
첫 번째 간구 |

아버지의 이름을 거룩하게 하시며

루터의 기도

이렇게 기도하십시오.

"그렇습니다, 주 우리 하나님, 당신의 이름이 우리 안에서 그리고 온 세상에서 거룩히 여김을 받으시옵소서. 하나님의 이름을 오용하고 가증스럽게 사용하여 그 거룩한 이름을 모독하는 이단과 우상 숭배자들, 무슬림과 교황주의자들 그리고 모든 거짓 교사를 멸하고 뿌리 뽑아 주십시오. 그들은 자신들이 주님의 말씀과 교회의 법도를 가르친다고 고집스럽게 자랑하지만,

실상은 주님의 이름으로 악마의 거짓과 속임수를 써서 세상의 수많은 가련한 영혼들을 유혹하고, 심지어 무고한 피를 흘리게 하며 죽이기까지 합니다. 그러면서도 자신들이 주님을 위해 일한다고 믿고 있습니다.

주님, 그들을 변화시키고 자제시켜 주십시오. 변화되어야 할 이들은 변화되게 하셔서, 그들도 우리와 함께, 또한 우리도 그들과 함께 참되고 순수한 교리와 선하고 거룩한 삶으로 하나님의 이름을 높이며 찬양하게 해 주십시오. 거룩한 삶으로 변화되기를 거부하는 이들의 악한 행실을 억제하시어, 그들이 주님의 이름을 오용하거나 더럽히지 못하게 하시고, 더 나아가 가난한 사람들을 잘못된 길로 인도하지 못하도록 막아 주십시오. 아멘."

묵상을 돕는 글

주기도문의 첫 번째 간구는 기도의 본질을 드러냅니다. 우리는 흔히 기도를 통해 일상의 필요를 먼저 구하지만, 예수님은 그보다 앞서 하나님 아버지의 이름이 거룩히 여김을 받기를 구하라고 가르치십니다. 이는 우리의 관심이 우리 자신의 필요가 아니라 기도를 들으시는 하나님께로 향해야 함을 그리고 진정으로 구하고 기뻐해야 할 것이 무엇인지를 깨닫게 합니다.

주기도문의 첫 간구는 '아버지'라는 놀라운 고백으로 시작됩니다. 이 고백은 우리가 누구에게 기도하는지, 또 하나님과 우리가 어떤 관계인지를 알려 줍니다. 예수님은 기도를 가르치면서 하나님을 아버지라 부르라고 하셨습니다. 당시 유대인들은 하나님의 거룩하심에 압도되어 그분의 이름조차 입에 담는 것을 조심스러워했습니다. 그런데 예수님은 우리에게 지극히 높으신 하나님을 가장 친밀한 이름인 아버지로 부르라고 가르치신 것입니다. 이는 우리를 향한 하나님의 깊은 사랑의 표현이며, 우리를 자녀로 부르시는 놀라운 초대입니다.

우리가 하나님을 아버지라 부를 수 있는 이유는 전적으로 예수 그리스도 때문입니다. 인간은 하나님의 형상대로 지음 받아 그분과 친밀한 교제를 누렸지만, 첫 사람 아담의 불순종으로 인해 하나님과 인류의 관계는 깨지고 말았습니다. 그러나 하나님은 독생자를 우리에게 보내 주심으로써 그 관계를 회복하고자 하셨습니다. 인류를 향한 하나님의 놀라운 은혜를 요한은 이렇게 전합니다.

"말씀이 육신이 되어 우리 가운데 거하시매"(요 1:14).

인간이 되신 하나님의 아들 예수님은 우리를 위한 순종의 삶을 사셨습니다. 하나님을 신뢰하지 못하고 불순종할 수밖에 없는 우리를 대신해서, 예수님은 아버지의 뜻에 온전히 순종하셨습니다. 아들로서 아버지를 온전히 신뢰하며 사랑으로 순종하는 삶을 우리를 위해 사신 것입니다.

놀랍게도 예수님은 당신의 순종을 우리에게 나누어 주셨습니다. 마치 신랑이 자신의 모든 것을 신부와 나누듯이, 예수님은 성부께 드린 완전한 순종을 우리와 나누어 그것이 우리의 순종이 되게 하셨습니다.* 이제 우리는 예수님으로 인해 하나님 앞에서 순종하는 자녀로 인정받게 되었습니다. 하나님을 아버지라 부르며, 그분의 사랑받는 자녀가 된 것입니다.

"한 사람이 순종하지 아니함으로 많은 사람이 죄인 된 것같이 한 사람이 순종하심으로 많은 사람이 의인이 되리라"(롬 5:19).

---

* 루터는 《그리스도인의 자유》(1520)에서 신랑과 신부의 결혼 비유를 통해 예수 그리스도와 우리의 관계를 설명합니다. 마치 결혼을 통해 신랑이 자신의 모든 것을 신부와 나누듯이 예수님은 우리의 죄를 짊어지셨으며, 당신의 완전한 순종을 우리에게 주셨습니다. 예수님과 우리 사이의 놀라운 교환을 루터는 아름답게 표현했고, 후대 신학자들은 이를 '복된 교환'(happy exchange)이라고 부르게 되었습니다. Martin Luther, *The Freedom of a Christian*, trans. Mark D. Tranvik (Minneapolis: Fortress Press, 2008), 60-61.

예수님의 순종은 우리의 구원을 위한 것이었습니다. 그리고 마침내 예수님은 우리의 죄악을 짊어지고 십자가를 지셨습니다. 죄가 없으신 분이 죄인인 우리를 대신해 형벌을 받고 죽음으로써, 우리와 하나님 사이에 화목을 이루셨습니다. 죄인을 용서하시고 구원하시는 하나님의 깊은 사랑이 그리스도의 십자가를 통해 나타난 것입니다. 예수님이 채찍에 맞으심으로 우리는 나음을 얻었고, 죽으심으로 생명을 얻게 되었습니다. 성령님은 이제 우리 마음 깊은 곳에서 구원의 은혜를 확증해 주십니다. 우리가 하나님의 사랑받는 자녀임을 알게 하시고, 하나님을 '아빠 아버지'라고 부를 수 있게 하십니다.

이렇게 놀라운 은혜를 입은 우리는, 가장 먼저 아버지의 이름이 거룩히 여김을 받으시기를 구해야 합니다. 이는 단순히 주기도문의 순서에 의한 것이 아닙니다. 하나님의 자녀 된 우리에게 그분의 영광은 첫 번째 기쁨이며, 자녀 된 마음으로 가장 먼저 드리는 소원인 것입니다. 이러한 자녀의 마음으로, 루터는 이렇게 기도했습니다.

> 그렇습니다, 주 우리 하나님, 당신의 이름이 우리 안에서 그리고 온 세상에서 거룩히 여김을 받으시옵소서.

거룩히 여김을 받으시는 하나님의 이름은 단순한 호칭이 아닙니다. 그분의 이름에는 우리를 향한 약속과 은혜가 담겨 있습니다. 우리를 찾아오시는 하나님, 우리의 모든 필요를 아시는 하나님, 우리와 언약을 맺으시는 하나님의 마음이 그분의 이름 안에 있습니다. 하나님은 당신을 '여호와 이레'로 나타내며 우리의 모든 필요를 예비하시고, '여호와 라파'로 우리의 모든 상처를 치유하시며, '여호와 삼마'로 우리와 함께하시고, '여호와 닛시'로 우리의 싸움에서 승리의 깃발이 되시며, '여호와 샬롬'으로 우리에게 참 평강을 주시는 분입니다. 하나님의 이름은 우리를 향한 그분의 신실하심의 고백이며, 우리를 끝까지 사랑하시겠다는 은혜로운 약속입니다.

하나님의 이름이 '거룩히 여김을 받는다'는 것은 그분의 이름에 합당한 영광을 드리는 것입니다. 하나님은 본질적으로 거룩하신 분이며, 그분의 이름은 그 자체로 거룩합니다. 그러므로 우리의 기도나 예배가 하나님을 더 거룩하게 만들 수는 없습니다. 다만 우리를 통해 하나님의 거룩하심이 이 땅에 드러나는 것입니다. 시편 기자는 "여호와 우리 주여 주의 이름이 온 땅에 어찌 그리 아름다운지요"(시 8:1)라고 노래했고, "주의 크고 두려운 이름을 찬송할지니 그는 거룩하심이로다"(시 99:3)라고 고백했습니다. 우리의 찬송과 경배 그리고 우리의 삶을 통해 하나님의 영광이 드러나며, 그분의 이름은 세상 가운데 거룩히 여김을 받습니다.

그러나 하나님의 거룩하신 이름은 우리의 이기심과 욕망으로 인해 더럽혀지기도 합니다. 루터가 살았던 시대에는 교회마저 하나님의 이름을 이용해 그분의 백성을 억압했습니다. 하나님의 용서조차 돈으로 살 수 있다는 면죄부를 팔며, 가난한 자들의 구원을 볼모로 자신들의 권력과 부를 키워 갔습니다. 하나님의 이름으로 자행된 이러한 불의 앞에서 루터는 깊은 탄식과 함께 기도했습니다.

> 그들은 자신들이 주님의 말씀과 교회의 법도를 가르친다고 고집스럽게 자랑하지만, 실상은 주님의 이름으로 악마의 거짓과 속임수를 써서 세상의 수많은 가련한 영혼들을 유혹하고, 심지어 무고한 피를 흘리게 하며 죽이기까지 합니다. 그러면서도 자신들이 주님을 위해 일한다고 믿고 있습니다.

이런 현실은 오늘날에도 다르지 않습니다. 하나님의 이름은 여전히 다양한 모습으로 오용되고 있습니다. 때로는 개인의 야망을 이루기 위해, 때로는 다른 이들을 정죄하기 위해, 때로는 불의한 이익을 추구하기 위해 하나님의 이름이 사용됩니다. 더

은밀하게는 종교적 행위를 통해 자신의 의를 드러내고자 할 때도 우리는 하나님의 이름을 망령되이 사용하는 것입니다. 하나님의 이름이 이처럼 오용될 때, 우리는 깊은 안타까움을 느낍니다. 이는 단순히 잘못된 것을 바로잡으려는 마음이 아닙니다. 우리가 하나님의 자녀이기 때문에, 아버지의 이름이 거룩히 여김을 받고 영광 받으시기를 소망하는 마음입니다. 이 소망은 자연스레 우리 자신과 세상의 변화를 위한 기도가 됩니다. 이러한 변화를 소망하며, 루터는 이렇게 기도했습니다.

> 주님, 그들을 변화시키고 자제시켜 주십시오. 변화되어야 할 이들은 변화되게 하셔서, 그들도 우리와 함께, 또한 우리도 그들과 함께 참되고 순수한 교리와 선하고 거룩한 삶으로 하나님의 이름을 높이며 찬양하게 해 주십시오.

하나님의 이름을 높여 드리기 위해 우리의 입술과 마음, 삶은 하나가 되어야 합니다.

"너희 빛이 사람 앞에 비치게 하여 그들로 너희 착한 행실을 보고 하늘에 계신 너희 아버지께 영광을 돌리게 하라"(마 5:16).

우리의 일상은 바로 이 빛을 비추는 자리입니다. 아침에 눈을 뜰 때부터 잠자리에 들 때까지, 일을 할 때나 사람들을 만날 때, 크고 작은 결정을 내릴 때마다 우리는 하나님 아버지의 자녀답게 살아갈 수 있습니다. 진실한 마음으로 하나님을 경배하고, 참된 말씀으로 하나님의 진리를 선포하며, 거룩한 삶으로 하나님의 성품을 드러낼 때, 우리의 모습을 통해 하나님의 거룩하심이 이 세상 가운데 나타나게 됩니다.

물론 우리의 결심이나 노력만으로는 불가능합니다. 아무리 애써도 우리의 마음은 순수하지 못하고, 고백은 온전하지 못하며, 우리는 날마다 실수하고 넘어집니다. 하나님의 이름을 거룩하게 여기는 삶은 오직 하나님의 은혜로 변화될 때 비로소 가능해집니다. 그렇기에 우리는 날마다 은혜를 구하며 하나님 앞에 나아갑니다. '은혜 안에서' 우리는 날마다 새로워집니다. 이러한 깊은 이해와 소망을 담아, 다음과 같이 기도하겠습니다.

"하나님 아버지, 우리를 자녀 삼아 주시고 주님의 이름을 높일 수 있게 하신 은혜에 감사합니다. 우리의 입술과 마음과 삶이 하나 되어 아버지의 이름을 높이게 하시고, 우리를 통해 많은 사람이 아버지의 거룩하심을 경험하게 하옵소서. 연약한 우리를 날마다 긍휼히 여기시고 새롭게 하여 주옵소서. 예수님의 이름으로 기도합니다. 아멘."

묵상 노트

"아버지의 이름을 거룩하게 하시며."

묵상 노트를 통해 주기도문의 첫 번째 간구를 삶에 적용할 수 있기를 바랍니다. 모든 질문에 답을 써야 하는 것은 아니며, 순서대로 또는 시선이 가는 부분부터 해 볼 수 있습니다.

1. 말씀과 만나기

주기도문의 첫 번째 간구는, 하나님의 이름이 거룩히 여김을 받는 것이 기도의 우선적인 관심이 되어야 한다는 사실을 가르쳐 줍니다.

- "아버지의 이름을 거룩하게 하시며"를 천천히 세 번 읽어 보세요.

- 이 내용을 읽을 때 떠오르는 생각이나 느낌은 무엇인가요?

▫ 특별히 마음에 다가오는 단어는 무엇인가요(예: '아버지', '이름', '거룩' 등)?

▫ 그 단어가 특별한 의미로 다가오는 이유는 무엇인가요?

2. '아버지'로 부를 수 있는 은혜

우리가 하나님을 '아버지'라고 부를 수 있는 것은 전적으로 예수 그리스도 때문입니다. 하나님을 불신하고 순종하지 않았던 우리를 대신하여, 예수님은 하나님 아버지께 온전한 순종을 드리셨고, 그 순종을 우리와 나누어 우리의 것이 되게 하셨습니다. 예수님으로 인해 하나님의 사랑받는 자녀로 받아들여진 우리는 이제 하나님을 '아버지'라고 부를 수 있게 되었습니다.

▫ 하나님의 뜻에 온전히 순종하고자 노력했지만 할 수 없었던 경험이 있나요? 그때의 당신의 모습과 감정을 떠올려 보세요. 연약한 우리를 위해 하나님 아버지께 완전한 순종을 드리신 예수님의 은혜가 어떤 의미로 다가오나요?

▫ 잠시 눈을 감고, 침묵 속에서 천천히 하나님을 '아버지'라고 불러 보세요. 하나님을 아버지로 부를 때 당신의 마음은 어떤가요?

"성령이 친히 우리의 영과 더불어 우리가 하나님의 자녀인 것을 증언하시나니"(롬 8:16).

성령님은 우리 마음속에서 우리가 하나님의 사랑받는 자녀라는 사실을 확증해 주십니다.

▫ 이러한 성령님의 음성을 경험한 적이 있나요? 어떤 경험이 있었는지 적어 보세요. 아직 하나님의 자녀가 되었다는 확신이 없다면, 예수님을 당신의 구원자로 믿을 수 있는 은혜와 믿음을 구하는 기도를 적어 보세요.

_____

_____

_____

3. 기도의 본질 이해하기

우리는 흔히 일상의 필요를 구하는 것이 기도라고 생각합니다. 그러나 예수님은 모든 기도에 앞서, 하나님의 이름이 거룩히 여김을 받기를 구하라고 가르치십니다. 이는 우리의 시선을 우리 자신의 필요에서 하나님께로 돌리게 합니다. 하나님의 자녀가 된 우리에게 가장 큰 기쁨은 하나님의 영광을 구하는 것입니다.

▫ 당신이 드리는 기도의 내용을 생각해 보세요. 당신의 기도는 주로 무엇을 구하는 기도인가요?

_____

_____

- "그렇습니다, 주 우리 하나님, 당신의 이름이 우리 안에서 그리고 온 세상에서 거룩히 여김을 받으시옵소서"라는 루터의 기도가 당신의 마음에 어떻게 다가오나요?

___

___

___

4. 하나님의 이름이 지닌 의미

하나님의 이름은 단순한 호칭이 아닙니다. 그분의 이름에는 우리를 향한 약속과 은혜가 담겨 있습니다. 하나님은 우리의 모든 필요를 준비하시는 '여호와 이레'(창 22:14), 우리의 모든 상처를 치유하시는 '여호와 라파'(출 15:26), 우리와 함께하시는 '여호와 삼마'(겔 48:35), 우리의 싸움에서 승리의 깃발이 되시는 '여호와 닛시'(출 17:15), 우리에게 참 평강을 주시는 '여호와 살롬'(삿 6:24)으로 당신을 나타내셨습니다.

- 지금 당신의 상황에서 특별히 마음에 울림을 주는 하나님의 이름은 무엇이며, 그 이유는 무엇인가요?

___

___

5. 하나님의 이름을 거룩하게 하는 삶

하나님의 이름은 그 자체로 거룩합니다. 우리의 기도나 행위가 하나님을 더 거룩하게 만드는 것이 아니라, 우리의 예배와 고백과 삶을 통해 그분의 거룩하심이 드러나는 것입니다. 우리가 진실한 마음으로 하나님을 경배하고, 참된 말씀으로 하나님의 진리를 선포하며, 거룩한 삶으로 하나님의 성품을 드러낼 때 그분의 영광이 이 땅 가운데 나타납니다.

> "너희 빛이 사람 앞에 비치게 하여 그들로 너희 착한 행실을 보고 하늘에 계신 너희 아버지께 영광을 돌리게 하라"(마 5:16).

▫ 당신은 삶에서 어떤 모습을 통해 하나님께 영광을 돌리고 있나요?

_____

_____

▫ 루터는 "참되고 순수한 교리와 선하고 거룩한 삶으로 하나님의 이름을 높이며 찬양하게 해 주십시오"라고 기도했습니다. 당신의 믿음과 삶을 통해 하나님의 이름이 더욱 높임을 받으려면, 어떤 부분이 새로워져야 할까요?

6. 나의 작은 실천

▫ 당신의 삶을 통해 하나님의 이름이 거룩히 여김을 받도록 실천하고 싶은 것들을 적어 보세요(예: 매일 성경 묵상과 기도로 하나님과의 시간 갖기, 가족이나 친구들에게 내가 경험한 하나님의 선하심 전하기, 일터나 학교에서 정직하고 성실한 모습으로 하나님의 성품 나타내기, 어려운 이웃을 돌보며 하나님의 사랑 실천하기 등).

7. 묵상을 마치며 드리는 기도

▫ 하나님의 이름이 거룩히 여겨지기를 소망하며, 지금까지의 묵상을 바탕으로 기도를 적어 보세요.

한 주간의 실천 일기

하나님의 이름은 우리의 예배와 삶을 통해 거룩히 여김을 받습니다. 성경은 시편의 찬양과 성도들의 삶을 통해, 하나님의 이름이 어떻게 높임을 받았는지를 보여 줍니다. 매일의 말씀을 통해 하나님의 이름이 어떻게 거룩히 여김을 받았는지 묵상하고, 기도를 적어 보세요.

월요일 하나님의 이름을 높이는 찬양(시 8편, 29편)

- 하나님의 이름이 거룩히 여김 받는 이유

- 오늘의 기도

화요일 하나님께 영광을 돌리는 삶(벧전 2:9-12)

- 하나님의 이름을 거룩히 여기는 삶의 모습

- 오늘의 기도

수요일 하나님의 이름을 위한 다니엘의 결단(단 1:8-21)

- 하나님의 이름을 거룩히 여기는 삶의 모습

- 오늘의 기도

목요일 이방 땅에서 하나님의 이름을 높인 요셉(창 39장)

- 하나님의 이름을 거룩히 여기는 삶의 모습

- 오늘의 기도

금요일 하나님께 영광을 돌리는 하나님의 자녀 (마 5:13-16)

- 하나님의 이름을 거룩히 여기는 삶의 모습

- 오늘의 기도

토요일 주님의 이름을 위한 초대 교회의 삶 (행 4:32-37)

- 하나님의 이름을 거룩히 여기는 삶의 모습

- 오늘의 기도

주일

- 예배에서 받은 은혜

- 새로운 한 주, 하나님의 이름을 거룩히 여기는 삶을 위한 기도

| 주기도문
| 두 번째 간구

아버지의 나라가 오게 하시며

루터의 기도

이렇게 기도하십시오.

"오, 사랑하는 하나님 아버지, 주님은 이 세상의 권력자들이 어떻게 당신의 이름을 모독하는지 그리고 어떻게 당신께 드려야 할 영광을 거짓되고 악한 세력에게 돌리는지를 보고 계십니다. 또한 그들이 당신께서 주신 힘과 권세, 부와 영광을 가지고 주님의 나라를 섬기기보다 자신들의 야망을 위해 사용하며, 어떻게 주님의 나라를 대적하고 있는지도 보고 계십니다.

그들은 많고 또 힘이 강합니다. 그들은 주님의 나라, 그 작고 약하고 힘없는 적은 무리를 괴롭히고 방해합니다. 지상에 있는 주님의 백성을 너그럽게 대하지 않을 뿐만 아니라, 오히려 그들을 괴롭히며 자신들이 주님을 거룩하게 섬기고 있다고 착각합니다.

사랑하는 주 하나님 아버지, 그들을 변화시키고 우리를 지켜 주십시오. 하나님 나라의 백성이 될 이들을 변화시켜 주셔서, 그들이 우리와 함께 그리고 우리가 그들과 함께 하나님 나라에서 참된 믿음과 진실한 사랑으로 주님을 섬기게 해 주십시오. 그리하여 우리가 이미 시작된 하나님 나라에서 영원한 하나님 나라로 나아갈 수 있게 해 주십시오. 주어진 힘과 권세를 당신의 나라를 파괴하려는 자들로부터 우리를 지키는 데 사용해 주시고, 높은 자리에 있는 자들을 쫓아내고 낮추어서 그들의 악한 행실을 멈추게 해 주십시오. 아멘."

묵상을 돕는 글

주기도문의 두 번째 간구는 하나님의 다스리심에 대한 깊은 갈망을 드러냅니다. 죄로 인해 무질서와 혼란으로 가득 찬 세상은 하나님의 온전한 통치를 기다려 왔습니다. 마침내 하나님의 아들이 우리에게 오셨고, "하나님의 나라가 가까이 왔으니 회개하고 복음을 믿으라"(막 1:15)라고 선포하셨습니다. 예수 그리스도를 통해 하나님 나라는 시작되었고, 아버지의 은혜로운 다스리심은 현실이 되었습니다. 이제 우리는 이곳에서 그 나라를 구하며 기도합니다.

하나님 나라를 생각할 때 우리는 자연스럽게 천국을 떠올리곤 합니다. 그러나 하나님 나라는 장소의 개념을 넘어섭니다. 하나님 나라는 하나님의 뜻이 온전히 이루어지는 곳이며, 그분의 다스리심이 나타나는 실재입니다. 하나님의 통치가 임하는 곳마다 깨어진 관계가 회복되고, 어둠에 갇힌 영혼이 자유를 얻으며, 상처받은 이들이 위로를 받습니다. 하나님의 공의가 강물처럼 흐르고, 그분의 평화가 모든 것을 새롭게 합니다. 탐욕은 나눔으로, 미움은 용서로, 절망은 소망으로 바뀝니다. 두려움은 평안으로, 원망은 감사로, 갈등은 화해로 변화됩니다. 이렇게 놀라운 일들이 하나님께서 다스리실 때 일어납니다. 선지자들은 하나님 나라의 모습을 바라보며 예언했고, 이스라엘은 메시아를 통해 임할 하나님의 다스리심을 간절히 기다려 왔습니다. 그리고 마침내 하나님은 아들을 보내어 그 약속을 이루셨습니다.

영원하신 말씀이 육신이 되어 우리 가운데 오셨습니다. 요한은 이렇게 증언합니다.

"말씀이 육신이 되어 우리 가운데 거하시매 우리가 그의 영광을 보니 아버지의 독생자의 영광이요 은혜와 진리가 충만하더라"(요 1:14).

하나님의 아들이신 예수님께서 이 땅에 오심으로 아버지의 나라가 우리 가운데 현실이 되었습니다. 아버지와 하나이신 예수님의 존재와 사역 그 자체가 바로 하나님 나라였습니다. 예수님이 세리와 죄인들과 함께 식탁에 앉으실 때마다 소외된 자들이 하나님 나라의 잔치에 초대받았고, 병든 자들을 고치실 때마다 하나님의 생명이 흘렀으며, 귀신 들린 자들을 자유롭게 하실 때마다 하나님의 다스리심이 어둠의 권세를 물리쳤습니다.

예수님이 삭개오의 집에 들어가실 때 사람들은 죄인의 집에 들어갔다고 수군거렸습니다. 그러나 예수님은 그곳에서 하나님 나라의 참된 모습을 보여 주셨습니다.

"오늘 구원이 이 집에 이르렀으니 이 사람도 아브라함의 자손임이로다"(눅 19:9).

예수님의 말씀은 하나님의 다스리심이 임했다는 선언이었고, 탐욕으로 가득했던 세리의 집이 회복과 나눔의 집으로 변하는 하나님 나라의 현실을 보여 주었습니다. 나인성 과부에게도 하나님의 다스리심이 나타났습니다. 아들의 죽음으로 절망하던 그녀 앞에서 예수님은 "청년아 내가 네게 말하노니 일어나라"(눅 7:14)라고 말씀하셨습니다. 이는 단순한 위로가 아니었습니다. 예수님의 말씀에 죽음의 권세를 이기시는 하나님 나라의 능력이 나타났고, 슬픔이 기쁨으로 바뀌는 하나님 나라의 회복이 이루어졌습니다. 간음한 여인을 용서하신 사건에서도 우리는 하나님 나라의 모습을 봅니다. 돌로 치려는 자들의 정죄와 폭력 앞에서, 예수님은 "나도 너를 정죄하지 아니하노니 가서 다시는 죄를 범하지 말라"(요 8:11)라고 말씀하셨습니다. 이는 단순한 용서가 아닌, 한 영혼을 새롭게 하시는 하나님 나라의 은혜였습니다.

예수님과 함께 시작된 아버지의 나라는 세상의 나라와는 전혀 달랐습니다. 권세를 가진 자들은 자신의 힘을 과시하고 높은 자리를 차지하려 했지만, 하나님의 아들은 오히려 당신을 낮추셨습니다. 이 땅의 통치자들이 백성을 지배하려 할 때, 하나님 나라는 섬김으로 임했습니다. 그러나 인간의 마음은 여전히 자신을 높이려 합니다. 하나님께서 맡기신 권세마저 자신의 야망을 위해 사용하고, 그분의 이름으로 불의를 행하며, 하나님의 영광을 가로챕니다. 이러한 현실을 보며 루터는 깊은 탄식으로 기도했습니다.

> 오, 사랑하는 하나님 아버지, 주님은 이 세상의 권력자들이 어떻게 당신의 이름을 모독하는지 그리고 어떻게 당신께 드려야 할 영광을 거짓되고 악한 세력에게 돌리는지를 보고 계십니다. 또한 그들이 당신께서 주신 힘과 권세, 부와 영광을 가지고 주님의 나라를 섬기기보다 자신들의 야망을 위해 사용하며, 어떻게 주님의 나라를 대적하고 있는지도 보고 계십니다.

하지만 예수님을 만나 변화된 우리를 통해 하나님 나라의 모습이 세상 가운데 나타납니다. 우리도 한때는 세상의 가치를 따라 살았습니다. 성공과 인정, 이익을 추구하며 세상의 방식대로 걸어왔습니다. 그러나 예수님이 우리를 찾아오셨습니다. 십자가의 사랑으로 용서하시고, 하나님의 자녀로 새롭게 하셨습니다. 더 이상 세상의 가치를 따르지 않고, 하나님 나라의 가치를 따라 살아가는 은혜를 주셨습니다. 이제 우리는 용서받은 자로서 용서하고, 사랑받은 자로서 사랑하며, 긍휼히 여김 받은 자로서 긍휼을 베풀며 살아갑니다. 그렇기에 세상을 향해 심판의 마음이 아닌 소망의 마음을 품습니다. 우리가 그러했듯이, 그들도 예수님을 만나 하나님 나라의 회복과 기쁨을 알게 되기를 바라는 것입니다. 탐욕으로 메마른 영혼이 하나님의 사랑으로 풍족해지고, 미움으로 닫힌 마음이 용서를 알게 되며, 교만으로 굳어진 삶이 섬김의 기쁨을 맛보게 되기를 소망하게 됩니다. 이러한 마음으로 루터는 이렇게 기도했습니다.

> 하나님 나라의 백성이 될 이들을 변화시켜 주셔서, 그들이 우리와 함께 그리고 우리가 그들과 함께 하나님 나라에서 참된 믿음과 진실한 사랑으로 주님을 섬기게 해 주십시오. 그리하여 우리가 이미 시작된 하나님 나라에서 영원한 하나님 나라로 나아갈 수 있게 해 주십시오.

하나님 나라가 이미 우리 가운데 임했지만, 동시에 그 완성을 향해 나아가고 있습니다. 이 시간 우리는 하나님의 다스림을 경험하면서도 여전히 깨어짐과 상처, 눈물과 탄식이 있는 현실을 마주합니다. 예수님은 승천하시기 전, 제자들에게 그들이 성령님을 통해 하나님 나라의 증인이 될 것이라고 말씀하셨습니다. 그리고 제자들이 보는 앞에서 하늘로 올라가셨습니다. 하늘을 바라보는 제자들에게 천사들이 전한 소식은 놀라운 약속이었습니다.

"갈릴리 사람들아 어찌하여 서서 하늘을 쳐다보느냐 너희 가운데서 하늘로 올려지신 이 예수는 하늘로 가심을 본 그대로 오시리라"(행 1:11).

이 약속은 오늘 우리에게도 동일한 소망이 됩니다. 예수님이 다시 오실 때 하나님께서는 모든 것을 새롭게 하실 것입니다. 우리의 모든 눈물을 씻기시고, 더 이상 사망이나 애통하는 것이나 아픈 것이 없는 새 하늘과 새 땅을 허락하실 것입니다. 하나님의 영광이 온 세상을 가득 채우고, 만물이 그분의 온전한 다스림 아래 회복될 것입니다.

하나님 나라의 완성을 향한 기다림은 단순한 기다림이 아닙니다. 우리는 하나님 나라의 완성을 기다리며 그 나라의 증인 된 삶을 살아갑니다. 예수님은 하나님 나라를 비유로 말씀하시면서 마치 작은 겨자씨와 같다고 하셨습니다. 씨앗은 작고 보잘것없어 보이지만, 결국 자라나 큰 나무가 되어 많은 열매를 맺습니다. 매일 아침을 기도와 말씀으로 시작할 때, 가정에서 서로를 이해하고 품으려 할 때, 일터에서 정직과 성실로 일할 때, 이웃과의 관계에서 평화를 이루려 할 때 하나님 나라는 우리 가운데 자라납니다. 누룩이 온 반죽을 부풀게 하듯이, 예수님을 통해 우리 안에 시작된 하나님 나라는 이제 우리의 일상을 통해 세상 속으로 퍼져 나갑니다. 이러한 믿음의 여정에서 우리는 자주 지치고 넘어지지만, 하나님의 은혜가 연약한 우리를 다시 일으켜 세웁니다. 지금까지도, 앞으로도 오직 하나님의 은혜로 우리는 이 길을 걸어갑니다. 이러한 깊은 이해와 소망을 담아, 다음과 같이 기도하겠습니다.

"하나님 아버지, 이 땅에 당신의 나라가 임하게 하시니 감사합니다. 예수 그리스도의 오심으로 시작된 아버지의 나라에 우리를 은혜로 불러 주시고 그 나라의 백성이 되게 하시니 감사합니다. 욕심과 욕망이 가득한 세상에서 하나님 나라의 가치를 따르게 하시고, 우리의 삶을 통해 하나님 나라가 세상에 나타나고 확장되게 하옵소서. 우리의 연약함을 아시는 주님, 장차 오실 예수님을 기다리며 완성될 하나님 나라를 소망하오니, 이 믿음의 여정을 끝까지 걸어갈 수 있도록 은혜로 함께하여 주옵소서. 예수님의 이름으로 기도합니다. 아멘."

묵상 노트

"아버지의 나라가 오게 하시며."

묵상 노트를 통해 주기도문의 두 번째 간구를 삶에 적용할 수 있기를 바랍니다. 모든 질문에 답을 써야 하는 것은 아니며, 순서대로 또는 시선이 가는 부분부터 해 볼 수 있습니다.

1. 말씀과 만나기

주기도문의 두 번째 간구는, 하나님의 통치가 온전히 이루어지기를 바라는 기도입니다. 우리는 예수님을 통해 이미 시작된 하나님 나라가 우리 가운데 더욱 분명하게 드러나고, 마침내 그 나라가 완성되기를 소망하며 기도합니다.

- "아버지의 나라가 오게 하시며"를 천천히 세 번 읽어 보세요.

- 이 내용을 읽을 때 떠오르는 생각이나 느낌은 무엇인가요?

- 특별히 마음에 다가오는 단어는 무엇인가요(예: '아버지', '나라', '오게 하시며' 등)?

  _____
  _____

- 그 단어가 특별한 의미로 다가오는 이유는 무엇인가요?

  _____
  _____
  _____

2. 하나님 나라의 의미

하나님 나라는 단순히 어떤 장소가 아니라, 하나님의 뜻이 온전히 이루어지고 그분의 다스리심이 드러나는 실재입니다. 하나님의 통치가 임하는 곳마다 깨어진 관계가 회복되고, 어둠에 갇힌 영혼이 자유를 얻으며, 상처받은 이들이 위로를 받습니다. 탐욕은 나눔으로, 미움은 용서로, 절망은 소망으로 바뀝니다. 선지자들은 메시아를 통해 임할 하나님의 다스리심을 예언했고, 이스라엘은 그 나라를 간절히 기다려 왔습니다.

"그때에 이리가 어린양과 함께 살며 표범이 어린 염소와 함께 누우며 송아지와 어린 사자와 살진 짐승이 함께 있어 어린아이에게 끌리며 암소와 곰이 함께 먹으며 그것들의 새끼가 함께 엎드리며 사자가 소처럼 풀을 먹을 것이며 젖 먹는 아이가 독사의 구멍에서 장난하며 젖 뗀 어린아이가 독사의 굴에 손을 넣을 것이라 내 거룩한 산 모든 곳에서 해 됨도 없고 상함도 없을 것이니 이는 물이 바다를 덮음같이 여호와를 아는 지식이 세상에 충만할 것임이니라"(사 11:6-9).

▫ 선지자 이사야가 묘사한 하나님 나라의 모습을 묵상해 보세요. 하나님 나라의 어떤 모습이 가장 깊이 다가오나요?

▫ 지금 당신의 삶에서 하나님의 다스리심이 가장 필요한 부분은 어디인가요(예: 하나님과의 더 깊은 교제, 마음의 평안과 기쁨, 이웃을 향한 섬김과 나눔, 관계의 어려움과 상처, 미래에 대한 걱정, 분노, 미움, 질투와 같은 감정 등)?

3. 예수님과 하나님 나라

"말씀이 육신이 되어 우리 가운데 거하시매 우리가 그의 영광을 보니 아버지의 독생자의 영광이요 은혜와 진리가 충만하더라"(요 1:14).

하나님의 아들 예수님이 이 땅에 오심으로 하나님 나라가 우리 가운데 현실이 되었습니다. 소외된 자들이 하나님 나라의 잔치에 초대받았고, 병든 자들이 생명을 얻었으며, 묶였던 자들이 자유를 얻었습니다. 아버지와 하나이신 예수님을 통해 하나님 나라가 임한 것입니다.

▫ 예수님은 죄인이라고 멸시받던 삭개오를 찾아가 그의 친구가 되어 주셨습니다. 삭개오가 불의하게 모은 재산을 가난한 자들과 나누겠다고 회개했을 때, 예수님은 "오늘 구원이 이 집에 이르렀으니 이 사람도 아브라함의 자손임이로다 인자가 온 것은 잃어버린 자를 찾아 구원하려 함이니라"(눅 19:9-10)라고 선언하셨습니다. 예수님과 삭개오의 이야기를 통해 알 수 있는 하나님 나라의 모습은 무엇인가요?

▫ 삭개오는 예수님을 만나 하나님 나라의 은혜를 경험했습니다. 상처는 치유되고, 욕심은 나눔으로 바뀌었습니다. 오늘 예수님이 당신을 찾아오신다면, 당신에게는 어떤 변화가 일어날까요?

_____

_____

_____

4. 나의 일상과 하나님 나라

예수님과의 만남을 통해 회복과 변화를 경험한 우리는 이제 하나님 나라의 증인으로 살아갑니다. 겨자씨가 자라서 큰 나무가 되고 누룩이 온 반죽을 부풀게 하듯이, 하나님 나라는 우리의 일상을 통해 조용히 자라며 모든 영역에 영향을 미칩니다.

　루터는 "주님은 그들이 당신께서 주신 힘과 권세, 부와 영광을 가지고 주님의 나라를 섬기기보다 자신들의 야망을 위해 사용하며, 어떻게 주님의 나라를 대적하고 있는지도 보고 계십니다"라고 탄식하며 기도했습니다. 세상은 욕심과 욕망을 따르는 삶을 추구하지만, 하나님 나라의 백성인 우리는 사랑과 섬김의 삶을 살아갑니다.

▫ 하나님 나라의 가치와 세상의 가치가 충돌하는 순간은 언제인가요? 그럴 때 하나님 나라의 백성으로서 무엇을 선택하며 살아가고 싶은가요?

_____

_____

_____

5. 이미와 아직 사이에서

하나님 나라는 예수님을 통해 이미 우리 가운데 임했지만, 동시에 그 완성을 향해 나아가고 있습니다. 예수님은 승천하며 다시 올 것을 약속하셨습니다. 그날에 하나님께서는 모든 것을 새롭게 하실 것입니다. 지금 우리는 하나님 나라의 기쁨을 누리면서도 여전히 깨어짐과 상처가 있는 현실을 마주합니다. 그러나 이 현실 속에서도 하나님 나라의 복음을 전하며 그 나라가 완성될 것을 소망하는 중인으로 살아갑니다.

▫ 일상에서 경험하는 하나님 나라의 기쁨은 무엇인가요? 동시에 그 나라의 완성을 더욱 간절히 바라게 하는 현실은 무엇인가요?

_____

"우리는 그의 약속대로 의가 있는 곳인 새 하늘과 새 땅을 바라보도다"(벧후 3:13).

- 모든 것이 새로워질 하나님 나라의 완성에 대한 소망은 나의 삶을 어떻게 변화시킬까요?

6. 나의 작은 실천

- 하나님 나라의 백성으로서 실천하고 싶은 것들을 적어 보세요(예: 기도와 말씀으로 하루를 시작하기, 섬김과 나눔을 실천하기, 용서받은 자로서 다른 이들을 용납하기, 하나님 나라의 기쁜 소식을 이웃에게 전하기 등).

7. 묵상을 마치며 드리는 기도

▫ 하나님 나라가 이 땅에 임하기를 소망하며, 지금까지의 묵상을 바탕으로 기도를 적어 보세요.

___

___

___

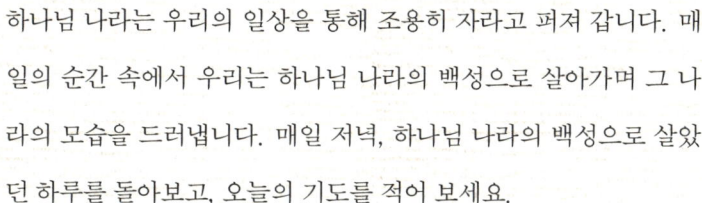

한 주간의 실천 일기

하나님 나라는 우리의 일상을 통해 조용히 자라고 퍼져 갑니다. 매일의 순간 속에서 우리는 하나님 나라의 백성으로 살아가며 그 나라의 모습을 드러냅니다. 매일 저녁, 하나님 나라의 백성으로 살았던 하루를 돌아보고, 오늘의 기도를 적어 보세요.

月요일

- 오늘의 실천

- 오늘의 기도

화요일

- 오늘의 실천

- 오늘의 기도

수요일

- 오늘의 실천

- 오늘의 기도

목요일

- 오늘의 실천

- 오늘의 기도

금요일

- 오늘의 실천

- 오늘의 기도

토요일

- 오늘의 실천

- 오늘의 기도

주일

- 예배에서 받은 은혜

- 새로운 한 주, 하나님 나라를 위한 기도

주기도문
세 번째 간구

아버지의 뜻이 하늘에서와 같이
땅에서도 이루어지게 하소서

루터의 기도

이렇게 기도하십시오.

"오, 사랑하는 주 하나님 아버지, 주님은 이 세상이 당신의 이름을 없애거나 당신의 나라를 뿌리 뽑지 못하면서도 당신의 이름과 말씀 그리고 당신의 나라와 백성을 무너뜨리기 위해 악인들이 밤낮으로 꾸며 내는 악한 속임수와 계획, 음모와 간계를 잘 알고 계십니다. 그들은 비밀스럽게 모여 서로를 격려하고 지지하며, 격노와 위협을 멈추지 않습니다.

사랑하는 주 하나님 아버지, 그들을 변화시켜 주시고, 우리를 지켜 주십시오. 주님의 선하신 뜻을 알지 못하는 사람들을 변화시켜 주셔서, 그들이 우리와 함께 그리고 우리가 그들과 함께 주님의 뜻에 순종하게 하시며, 기쁨과 인내로 모든 악과 십자가와 역경을 견디게 해 주십시오. 이로써 주님의 자비롭고 은혜롭고 완전하신 뜻을 인정하고 확인하며 경험하게 해 주십시오.

분노와 격분, 증오와 위협과 악한 욕망으로 우리를 괴롭히는 자들로부터 우리를 지켜 주시며, 그들의 사악한 계획과 속임수와 간계가 무너지고, 시편 7편의 노래처럼 그 모든 것이 그들에게 되돌아가게 해 주십시오. 아멘."

묵상을 돕는 글

주기도문의 세 번째 간구는 하늘과 땅 사이의 깊은 간극을 드러냅니다. 이 기도를 통해 우리는 하나님의 완전한 통치가 이루어지는 하늘과 그 뜻이 여전히 거부되고 저항받는 이 땅의 현실을 동시에 마주하게 됩니다. 그러나 이것은 절망의 탄식이 아닙니다. 오히려 하나님의 뜻이 이 땅에서도 온전히 이루어지기를 바라는 소망의 고백이며, 그리스도 안에서 우리에게 주어진 약속입니다.

하나님의 뜻을 생각할 때 우리는 자연스럽게 성경의 계명들을 떠올리게 됩니다. 하나님께서 계명들을 통해 당신의 뜻을 밝혀 주셨기 때문입니다. 그런데 그중에서도 가장 크고 첫째 되는 계명으로 주신 것이 있습니다.

"너는 마음을 다하고 뜻을 다하고 힘을 다하여 네 하나님 여호와를 사랑하라"(신 6:5).

이 말씀은 하나님의 뜻이 단순한 규칙이나 명령이 아니라, 그분을 향한 사랑임을 깨닫게 합니다. 우리가 하나님을 사랑할 때, 비로소 그분의 뜻을 따르는 기쁨을 알게 되고, 그분과의 깊은 관계 안에 머물게 됩니다.

놀랍게도 하나님의 뜻은 여기서 멈추지 않습니다. 영원 전부터 성부와 성자와 성령 하나님께서 나누시는 완전한 사랑의 교제, 바로 그 교제 안으로 우리를 초대하시는 것이 삼위일체 하나님의 선하신 뜻이며 계획입니다. 하나님의 은혜로운 초대는 창조와 함께 시작되었습니다. 하나님은 우리를 당신의 형상대로 만들고 생명을 주시며, 친밀한 교제로 부르셨습니다. 그러나 우리의 불순종으로 인해 하나님과의 관계는 깨어지고 말았습니다. 하나님은 율법과 계명으로 당신의 뜻을 가르치며 생명의 길로 인도하셨지만, 하나님으로부터 마음이 떠난 우리는 순종할 수 없었습니다. 그럼에도 하나님은 마침내 가장 깊은 사랑을 보이셨습니다. 독생자를 우리에게 보내신 것입니다. 예수님은 우리를 대신하여 하나님을 온전히 사랑하셨고, 아버지의 뜻에 완전히 순종하셨습니다. 이제 우리는 예수님으로 인해 사랑받는 자녀가 되었고, 다시 하나님과 사랑의 교제를 누릴 수 있게 되었습니다.

'하늘에서와 같이 땅에서도'라는 간구는 우리의 현실을 깊이 돌아보게 합니다. 하늘은 하나님의 뜻이 온전히 이루어지는 곳입니다. 그곳에서는 모든 존재가 하나님을 온전히 사랑하며, 하나님과의 친밀한 교제 안에 머물러 있습니다. 예수님은 이 땅에서 살아가는 동안 하늘의 모습을 우리에게 보여 주셨습니다. 그분의 삶 자체가 하나님의 뜻에 대한 완전한 순종이었고, 아버지를 향한 온전한 사랑이었습니다.

그러나 우리가 살아가는 이 땅의 현실은 다릅니다. 하나님의 뜻은 끊임없이 거부되고 왜곡됩니다. 더 많이 소유하고 더 높은 자리에 오르려는 욕망이 이웃 사랑보다 앞서며, 세상의 지혜가 하나님의 진리보다 더 그럴듯해 보입니다. 자아실현이 하나님의 뜻보다 더 매력적으로 다가오고, 사람들은 하나님보다 자신을 더 신뢰하며, 하나님의 뜻보다 자신의 뜻을 고집합니다. 심지어 하나님의 이름으로 욕망을 정당화하기도 합니다. 루터는 이러한 현실 앞에서 깊은 탄식으로 기도했습니다.

> 오, 사랑하는 주 하나님 아버지, 주님은 이 세상이 당신의 이름을 없애거나 당신의 나라를 뿌리 뽑지 못하면서도 당신의 이름과 말씀 그리고 당신의 나라와 백성을 무너뜨리기 위해 악인들이 밤낮으로 꾸며 내는 악한 속임수와 계획, 음모와 계략를 잘 알고 계십니다. 그들은 비밀스럽게 모여 서로를 격려하고 지지하며, 격노와 위협을 멈추지 않습니다.

그렇다면 우리는 하나님의 뜻을 어떻게 알 수 있을까요? 하나님께서는 우리에게 귀한 선물들을 주셨습니다. 무엇보다 성경을 통해 당신의 뜻을 알게 하셨습니다.

> "모든 성경은 하나님의 감동으로 된 것으로 교훈과 책망과 바르게 함과 의로 교육하기에 유익하니 이는 하나님의 사람으로 온전하게 하며 모든 선한 일을 행할 능력을 갖추게 하려 함이라"(딤후 3:16-17).

하나님의 말씀인 성경을 펼칠 때마다 우리는 하나님의 뜻을 배우며, 진리의 삶으로 나아갈 수 있습니다. 하나님께서는 또한 우리를 교회 공동체 안에 두셨습니다.

"몸은 하나인데 많은 지체가 있고 몸의 지체가 많으나 한 몸임과 같이 그리스도도 그러하니라"(고전 12:12).

우리는 그리스도의 몸 된 지체로서, 함께 하나님의 뜻을 분별해 갑니다. 신앙의 선배들, 동료 신자들, 목회자들은 우리가 혼자서는 보지 못했을 하나님의 뜻을 발견하도록 도와줍니다.
더욱 놀라운 것은 성령의 인도하심입니다.

"진리의 성령이 오시면 그가 너희를 모든 진리 가운데로 인도하시리니"(요 16:13).

성령님은 우리의 마음을 밝혀 말씀의 진리를 깨닫게 하시며, 우리의 구체적인 삶의 자리에서 하나님의 뜻을 분별할 수 있는 지혜를 주십니다. 때로는 마음의 평안으로, 때로는 확신으로, 또 때로는 환경을 통해 우리를 진리의 길로 인도하십니다.
성령님은 가르치실 뿐만 아니라, 우리를 예수님과 연합되게 하십니다. 예수님은 이 연합의 신비를 포도나무와 가지의 비유로 설명하셨습니다. 가지가 포도나무에 붙어 있을 때 열매를 맺는 것처럼, 우리도 예수님과의 관계 안에서만 하나님의 뜻에 순종할 수 있습니다. 성령님은 우리가 은혜와 믿음으로 예수님을 구주로 영접할 때, 우리와 예수님 사이에서 생명의 친교를 만드십니다. 십자가에서 죽으시고 부활하신 예수님과의 실제적인 사귐이 시작되는 것입니다. 이 신비로운 연합 안에서 예수님은 당신의 생명과 사랑, 순종과 의로움을 선물로 주십니다. 그래서 우리는 그리스도 안에서만 아버지를 온전히 사랑할 수 있고, 그분의 뜻에 기쁨으로 순종할 수 있습니다. 말씀을 묵상하고 기도할 때, 함께 예배하고 성찬에 참여할 때, 서로를 사랑하고 섬길 때마다 그리스도와의 연합은 더욱 깊어집니다.

그리스도와 연합된 우리는 하나님의 뜻을 점점 더 깊이 알아가게 됩니다. 그리고 하나님의 다스리심이 단지 심판이 아니라 긍휼과 자비로 가득하다는 것을 마음으로 깨닫게 됩니다. 우리 자신이 그리스도 안에서 보이신 하나님의 사랑과 용서를 경험했기 때문입니다. 하나님은 당신의 뜻을 대적하는 자들조차 사랑하시며, 그들의 회개와 변화를 간절히 바라십니다. 교회를 박해하던 사울이 사도 바울로 변화된 것처럼 말입니다. 그래서 우리도 하나님의 뜻을 대적하는 이들을 향해 분노하기보다는 긍휼의 마음을 품게 됩니다. 루터는 이러한 마음을 담아 기도 했습니다.

> 사랑하는 주 하나님 아버지, 그들을 변화시켜 주시고, 우리를 지켜 주십시오. 주님의 선하신 뜻을 알지 못하는 사람들을 변화시켜 주셔서, 그들이 우리와 함께 그리고 우리가 그들과 함께 주님의 뜻에 순종하게 하시며, 기쁨과 인내로 모든 악과 십자가와 역경을 견디게 해 주십시오. 이로써 주님의 자비롭고 은혜롭고 완전하신 뜻을 인정하고 확인하며 경험하게 해 주십시오.

루터의 기도는 우리의 영적 여정을 그대로 담아냅니다. 하나님의 뜻을 따르는 삶에서 우리는 때로 주변의 반대와 조롱에 직면하고, 내면의 두려움과 의심으로 흔들립니다. 그럼에도 불구하고 우리는 이 길에서 예상치 못한 기쁨을 발견하게 됩니다. 십자가의 무게가 무거울수록, 은혜는 더욱 깊어지기 때문입니다.

> "우리가 환난 중에도 즐거워하나니 이는 환난은 인내를, 인내는 연단을, 연단은 소망을 이루는 줄 앎이로다"(롬 5:3-4).

환난이 인내를, 인내가 연단을, 연단이 소망을 이루어 가는 과정을 통해 우리는 조금씩 하나님의 뜻을 배우고, 인정하게 됩니다. 하지만 이 여정은 결코 쉽지 않습니다. 우리는 날마다 세상의 가치관과 충돌하고, 내면의 이기심과 씨름하며 살아갑니다. 분노와 증오, 두려움과 욕망이 우리를 둘러싸고 있습니다. 때로는 '이게 정말 옳은 길인가?' 하는 의문이 들기도 합니다. 더욱이 하나님의 뜻을 따르려 할수록, 그것을 방해하려는 적대적인 세력들의 공격도 경험하게 됩니다. 이러한 모든 도전 앞에서 루터는 하나님 앞에 솔직한 마음으로 나아가 이렇게 기도했습니다.

> 분노와 격분, 증오와 위협과 악한 욕망으로 우리를 괴롭히는 자들로부터 우리를 지켜 주시며, 그들의 사악한 계획과 속임수와 간계가 무너지고, 시편 7편의 노래처럼 그 모든 것이 그들에게 되돌아가게 해 주십시오.

하나님의 뜻을 따르는 삶에는 실제적인 반대와 영적 공격이 존재합니다. 때로는 친구나 가족의 오해에서, 때로는 직장에서의 차별에서, 또 때로는 사회의 냉소적인 시선에서 우리는 그러한 반대와 공격을 경험합니다. 뿐만 아니라, 하나님의 뜻을 따르는 우리의 결단 앞에는 수많은 장애물이 놓여 있습니다. 분명 그리스도인의 삶은 아름답지만, 결코 쉽지 않은 것도 사실입니다. 그러나 우리는 의로운 재판장이신 하나님께 모든 것을 맡길 수 있습니다. 시편 7편의 고백처럼, 하나님은 언제나 의로운 판단으로 역사하십니다. 그분은 악한 계략을 꾸미는 자가 스스로 파 놓은 함정에 빠지게 하시며, 정직한 자의 마음을 살피시는 분입니다. 이 확신은 우리에게 용기를 줍니다. 하나님의 뜻을 따르는 삶에서 때로는 이해할 수 없는 어려움이 있을지라도, 우리는 모든 것을 의롭게 다스리시는 하나님의 손길을 신뢰할 수 있습니다. 이러한 깊은 이해와 소망을 담아, 다음과 같이 기도하겠습니다.

"하나님 아버지, 아버지의 뜻이 이 땅에서도 이루어지게 하옵소서. 우리에게 주신 말씀과 교회 공동체, 성령의 인도하심을 통해 아버지의 뜻을 분별하게 하시고, 그리스도와의 연합 가운데 그 뜻을 이루며 살게 하옵소서. 대적하는 자들을 향한 분노 대신 긍휼의 마음을 주시고, 그들도 우리와 함께 아버지의 뜻 안에서 참된 기쁨을 발견하게 하옵소서. 우리가 만나는 모든 어려움 속에서도 인내하며 기뻐하게 하시고, 끝까지 선하신 뜻을 신뢰하며 따르게 하옵소서. 이 영적 전쟁에서 우리와 함께하시는, 의로운 재판장이신 주님을 찬양합니다. 예수님의 이름으로 기도합니다. 아멘."

묵상 노트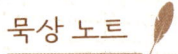

"아버지의 뜻이 하늘에서와 같이
땅에서도 이루어지게 하소서."

묵상 노트를 통해 주기도문의 세 번째 간구를 삶에 적용할 수 있기를 바랍니다. 모든 질문에 답을 써야 하는 것은 아니며, 순서대로 또는 시선이 가는 부분부터 해 볼 수 있습니다.

1. 말씀과 만나기

주기도문의 세 번째 간구는, 하나님의 뜻이 온전히 이루어지는 하늘의 모습을 바라보게 합니다. 우리는 이 땅에서도 그 뜻이 이루어지기를 소망하며 기도합니다. 이것은 우리가 그리스도 안에서 받은 약속이며, 우리를 통해 이루어질 하나님의 선하신 계획입니다.

- "아버지의 뜻이 하늘에서와 같이 땅에서도 이루어지게 하소서"를 천천히 세 번 읽어 보세요.

- 이 내용을 읽을 때 떠오르는 생각이나 느낌은 무엇인가요?

  _____
  _____

- 특별히 마음에 다가오는 단어는 무엇인가요(예: '아버지의 뜻', '하늘', '땅', '이루어지게 하소서' 등)?

  _____
  _____

- 그 단어가 특별한 의미로 다가오는 이유는 무엇인가요?

  _____
  _____
  _____

2. 하나님의 뜻 이해하기

하나님께서는 계명들을 통해 당신의 뜻을 알려 주셨습니다. 그런데 예수님은 그 많은 계명 가운데 가장 크고 첫째 되는 것이 하나님을 사랑하는 것이라고 가르치셨습니다. 이는 하나님의 뜻이 단순한 규칙이나 명령이 아닌 당신을 향한 사랑이며, 그 사랑의 관계 안에서 우리가 당신의 뜻을 따라 살아가야 함을 알게 하신 것입니다. 더 놀라운 것은, 하나님의 궁극적인 뜻이 우리를 성부와 성자와 성령의 완전한 사랑의 교제 안으로 초대 하신다는 점입니다. 창조 때부터 하나님은 우리가 당신의 생명과 사랑을 함께 누리기를 원하셨습니다.

"네 마음을 다하고 목숨을 다하고 뜻을 다하여 주 너의 하나님을 사랑하라 하셨으니 이것이 크고 첫째 되는 계명이요 둘째도 그와 같으니 네 이웃을 네 자신같이 사랑하라 하셨으니 이 두 계명이 온 율법과 선지자의 강령이니라"(마 22:37-40).

▫ 율법 가운데 가장 큰 계명이 무엇인지를 물었던 한 율법 교사에게 하신 예수님의 말씀은 '하나님의 뜻'에 대해 무엇을 가르쳐 주나요?

▫ 하나님의 계명을 지킬 때, 그것을 '해야만 하는 의무'로 여길 때와 '하나님을 사랑하는 마음'으로 행할 때는 어떤 차이가 있을까요?

▫ 하나님과 더 깊은 관계를 맺으며 당신의 마음은 어떻게 변화되었나요? 처음에는 의무감으로 했던 것들이, 점차 사랑의 마음에서 우러나오는 것으로 바뀐 경험이 있다면 나누어 보세요.

3. 하나님의 뜻을 분별하는 삶

하나님께서는 우리가 당신의 뜻을 알고 행할 수 있도록 은혜를 베푸셨습니다. 성경을 통해 당신의 뜻을 깨닫게 하시고, 교회 공동체 안에서 함께 기도하며 그 뜻을 확인하게 하십니다. 성령님께서는 말씀을 우리 마음에 비추사 그 뜻을 분별하게 하시며, 때로는 마음의 평안으로, 때로는 깊은 확신으로, 또 때로는 환경을 통해 그 진리를 따라 살도록 인도하십니다.

"모든 성경은 하나님의 감동으로 된 것으로 교훈과 책망과 바르게 함과 의로 교육하기에 유익하니"(딤후 3:16).

- 성경을 통해 하나님의 뜻을 깨달았던 경험이 있다면 적어 보세요.

"몸은 하나인데 많은 지체가 있고 몸의 지체가 많으나 한 몸임과 같이 그리스도도 그러하니라"(고전 12:12).

- 교회 공동체와 함께 하나님의 뜻을 찾고 확인했던 경험이 있다면 나누어 보세요.

"진리의 성령이 오시면 그가 너희를 모든 진리 가운데로 인도하시리니"(요 16:13).

▫ 성령님께서 당신의 마음과 걸음을 인도하신 적이 있나요? 그때의 상황을 적어 보세요.

_____

_____

_____

4. 그리스도와의 연합을 통한 순종

성령님은 우리를 예수님과 연합되게 하십니다. 예수님은 이 신비로운 연합을 포도나무와 가지의 비유로 설명하셨습니다. 가지가 포도나무에 붙어 있을 때 생명을 얻고 열매를 맺는 것처럼, 우리도 예수님과의 연합을 통해 하나님의 뜻에 순종할 수 있게 됩니다. 우리는 말씀과 기도, 예배와 성찬을 통해 그리스도와 더욱 깊이 연합되어 갑니다.

"나는 포도나무요 너희는 가지라 그가 내 안에, 내가 그 안에 거하면 사람이 열매를 많이 맺나니 나를 떠나서는 너희가 아무것도 할 수 없음이라"(요 15:5).

▫ 포도나무와 가지의 비유는 하나님의 뜻에 순종하는 삶에 대해 무엇을 가르쳐 주나요?

▫ 예수님과의 관계가 깊어질 때 당신의 삶은 어떻게 달라질까요?

5. 하늘과 땅 사이에서

그리스도와 연합하여 하나님의 뜻에 순종하려 할 때, 우리는 하늘과 땅 사이의 깊은 간극을 경험하게 됩니다. 하늘에서는 모든 존재가 하나님을 온전히 사랑하며 그분과의 친밀한 교제 안에 머물러 있지만, 땅에서는 하나님의 뜻이 끊임없이 거부되고 왜곡됩니다. 더욱이 우리가 하나님의 뜻을 따라 살아가려 할 때마다 세상은 여러 모습으로 우리를 힘들게 합니다. 때로는 조롱과 비웃음으로, 때로는 위협과 압박으로 우리를 흔들고

자 합니다. 그러나 우리는 이 모든 어려움 속에서도 의로운 재판장이신 하나님을 신뢰하며, 그분의 뜻을 따라 살아갑니다.

- 하나님의 뜻대로 살아가려 할 때 당신은 어떤 반대나 어려움을 경험하나요?

- 루터는 그리스도인들이 겪는 영적 전쟁의 현실을 보며 "분노와 격분, 증오와 위협과 악한 욕망으로 우리를 괴롭히는 자들로부터 우리를 지켜 주십시오"라고 기도했습니다. 하나님의 뜻대로 살아가며 겪는 어려움을 하나님께 아뢰며, 그분의 보호하심과 공의로운 다스리심을 구하는 기도를 적어 보세요.

6. 나의 작은 실천

▫ 하나님의 뜻이 이루어지는 삶을 위해 실천하고 싶은 것들을 적어 보세요(예: 성경을 읽고 묵상하며 하나님의 뜻 배우기, 말씀과 기도로 예수님과 더 깊이 교제하기, 소외된 이웃을 찾아가 하나님의 사랑 나누기, 용서와 화해가 필요한 순간에 먼저 다가서기, 이웃에게 예수 그리스도 전하기, 하나님의 뜻을 모르는 이들을 위해 기도하기 등).

7. 묵상을 마치며 드리는 기도

▫ 하나님의 뜻이 이 땅에 이루어지기를 소망하며, 지금까지의 묵상을 바탕으로 기도를 적어 보세요.

한 주간의 실천 일기

하나님의 뜻은 말씀을 묵상하고, 성령의 인도하심을 구하며, 그리스도와 연합될 때 우리 안에서 이루어집니다. 매일의 말씀을 통해 하나님의 뜻을 배우고, 그 뜻이 우리의 삶에서 이루어지기를 기도해 보세요.

월요일 하나님의 뜻을 분별하는 삶(롬 12:2)

- 말씀에서 배운 하나님의 뜻

- 오늘의 기도

화요일 아버지의 뜻을 이루시는 예수님(요 6:38-40)

- 말씀에서 배운 하나님의 뜻

- 오늘의 기도

수요일 우리를 도우시는 성령님(롬 8:26-27)

- 말씀에서 배운 하나님의 뜻

- 오늘의 기도

목요일 하나님의 뜻대로 사는 삶(살전 5:16-23)

- 말씀에서 배운 하나님의 뜻

- 오늘의 기도

금요일 말씀대로 행하는 지혜로운 삶(마 7:15-27)

- 말씀에서 배운 하나님의 뜻

- 오늘의 기도

토요일 빛과 소금이 되는 삶(빌 2:12-16)

- 말씀에서 배운 하나님의 뜻

- 오늘의 기도

주일

- 예배에서 받은 은혜

- 새로운 한 주, 하나님의 뜻에 순종하기 위한 기도

주기도문
네 번째 간구

오늘 우리에게
일용할 양식을 주시고

루터의 기도

이렇게 기도하십시오.

"오, 사랑하는 주 하나님 아버지, 이 현세의 육체적인 삶 속에서도 주님의 은혜를 우리에게 부어 주십시오. 은혜롭고 복된 평화를 허락하시고, 전쟁과 무질서로부터 우리를 지켜 주십시오. 황제가 적을 물리치고 승리할 수 있도록 도와주시며, 지상의 왕국을 평화와 번영으로 다스릴 수 있는 지혜와 통찰력을 주십시오. 세상의 모든 왕과 제후들, 통치자들에게 바른 조언을 주시고, 그들에게 자신들의 영토와 백성을 정의롭고 평온하게 지킬 수 있는 의지를 허락해 주십시오.

특히 우리를 보호하고 돌보는 제후 N을 도우시고 인도해 주십시오. 그가 모든 악한 일로부터 보호받고, 악한 말과 불충한 자들의 위협으로부터 안전하게 되어 자비롭게 다스릴 수 있도록 해 주십시오. 또한 그의 모든 백성이 충성과 순종으로 그를 섬길 수 있는 은혜를 허락해 주십시오. 모든 주민과 농부들이 부지런히 일하고 서로를 자비롭고 충실하게 대하게 하시며, 좋은 날씨와 풍성한 수확을 허락해 주십시오.

저의 집과 재산, 아내와 자녀를 주님께 맡기오니, 제가 그리스도인답게 그들을 잘 보살피고 돕고 가르치게 해 주십시오. 지상에서 우리를 해치고 화를 끼치려 하는 모든 악한 세력으로부터 우리를 지켜 주십시오. 아멘."

묵상을 돕는 글

주기도문의 네 번째 간구에서 우리는 하늘에서 땅으로 시선을 옮기게 됩니다. 앞선 세 간구에서 하나님의 이름과 나라 그리고 뜻을 구했다면, 이제는 우리의 일상적인 필요를 아뢰게 됩니다. 그러나 이는 결코 영적인 것에서 물질적인 것으로의 단순한 전환이 아닙니다. 우리가 숨 쉬고 살아가는 이 땅의 모든 순간, 우리가 마주하는 모든 필요 속에서도 하나님은 우리와 함께 계시며, 우리는 여전히 그분의 은혜를 구하는 자녀임을 고백하는 기도입니다.

'오늘'이라는 말은 우리를 하나님과의 깊은 신뢰의 자리로 이끕니다. 광야에서 이스라엘 백성은 매일 아침 하늘에서 내린 만나를 거두어야 했습니다. 그들에게 만나는 한 번도 본 적 없는 신비로운 양식이었습니다. 이슬처럼 섬세하게 내려앉은 만나를 거두며, 그들은 날마다 하나님의 신실하심을 새롭게 발견했습니다. 내일의 양식을 미리 저장하려 했던 이들의 만나는 모두 썩고 말았습니다. 매일 새롭게 거두어야 했던 만나를 통해 그들은 자신들의 생명이 온전히 하나님의 손안에 있음을 배워 갔습니다. 만나를 거두는 일은 단순히 음식을 공급받는 행위가 아니라, 날마다 하나님의 은혜를 경험하는 거룩한 시간이었습니다.

이스라엘 백성을 만나로 먹이신 하나님은 우리의 창조주이시며, 이 땅에서 우리를 돌보는 신실한 아버지이십니다. 우리가 구하기도 전에 이미 우리의 모든 필요를 아는 분이십니다. 공중의 새를 먹이고 들의 백합화를 입히는 하나님 아버지는 자녀의 모든 필요를 아시며, 가장 좋은 것으로 돌보십니다. 하나님은 세상을 창조한 이후부터 지금 이 순간까지, 단 한 번도 당신의 자녀를 돌보는 일을 멈추지 않으셨습니다. 비록 전쟁과 무질서, 불안과 혼돈이 가득한 세상이 걱정과 두려움을 안겨 주지만, 우리는 하나님의 신실하신 돌봄을 신뢰하며 매일의 삶 속에서 그분의 은혜와 평화를 구합니다. 이러한 마음으로 루터는 다음과 같이 기도했습니다.

> 오, 사랑하는 주 하나님 아버지, 이 현세의 육체적인 삶 속에서도 주님의 은혜를 우리에게 부어 주십시오. 은혜롭고 복된 평화를 허락하시고, 전쟁과 무질서로부터 우리를 지켜 주십시오.

하나님은 처음부터 우리를 서로 돌보는 존재로 창조하셨습니다.

> "사람이 혼자 사는 것이 좋지 아니하니 내가 그를 위하여 돕는 배필을 지으리라"(창 2:18).

우리는 서로를 돕고 돌보며 살아가도록 지음 받았습니다. 그렇기에 우리의 삶은 깊이 연결되어 있습니다. 나의 평화는 나만의 평화가 아니며, 이웃의 고통은 그들만의 고통이 아닙니다. 우리는 서로의 평안과 안식을 위해 기도하며, 함께 일용할 양식을 구합니다. 전쟁과 무질서로부터 우리 모두를 지켜 달라는 루터의 간구는 이러한 공동체적 기도의 깊은 의미를 담고 있습니다.

하나님은 우리를 서로에게 복이 되도록 창조하셨습니다. 에덴에서부터 시작된 축복된 관계는 아브라함을 통해 더욱 분명히 드러났습니다.

"땅의 모든 족속이 너로 말미암아 복을 얻을 것이라"(창 12:3).

하나님의 은혜와 사랑은 한 사람을 통해 모든 사람에게 흘러가도록 계획되었습니다. 하나님께서 부어 주시는 모든 은혜와 복은 우리 안에 머물러 있기 위한 것이 아닙니다. 그것은 마치 강물처럼 우리를 통해 흘러가며 더 많은 생명에 닿아야 합니다. 이러한 이해는 우리의 기도를 변화시킵니다. 더 이상 나의 필요만을 구하는 것이 아니라, 우리 모두의 필요를 함께 생각하게 됩니다. 이웃의 문제가 나의 문제가 되며, 이웃의 영적 갈급함을 나의 책임으로 받아들이게 됩니다. 이웃의 굶주림이 나의 아픔이 되고, 이웃의 평안이 나의 기쁨이 되는 것입니다.

하나님께서 우리에게 부어 주시는 모든 은혜는 개인의 삶을 넘어 사회 전체로 흘러가야 합니다. 한 통치자의 결정이 수많은 사람의 일상에 영향을 미치기에, 우리는 이 땅의 질서가 하나님의 공의를 반영하도록 기도합니다. 룻이 보아스의 밭에서 이삭을 주울 수 있었던 것은 그 땅에 공의로운 법이 있었기 때문이며, 솔로몬의 지혜로운 통치 아래서 백성이 평안을 누릴 수 있었던 것도 하나님께서 세우신 질서 안에서였습니다. 이러한 질서는 모든 이의 평안과 번영을 위한 것입니다. 루터는 이런 깊은 통찰 속에서 이렇게 기도했습니다.

황제가 적을 물리치고 승리할 수 있도록 도와주시며, 지상의 왕국을 평화와 번영으로 다스릴 수 있는 지혜와 통찰력을 주십시오. 세상의 모든 왕과 제후들, 통치자들에게 바른 조언을 주시고, 그들에게 자신들의 영토와 백성을 정의롭고 평온하게 지킬 수 있는 의지를 허락해 주십시오.

하나님께서 우리에게 주시는 일용할 양식 안에는 놀랍도록 구체적인 은혜가 담겨 있습니다. 들에서 수고하는 농부의 땀방울, 공장에서 일하는 이들의 수고, 시장에서 오가는 사람들의 정직한 거래를 통해 우리의 양식이 만들어집니다. 우리가 먹는 한 조각의 빵 속에도 수많은 이웃의 수고와 사랑이 담겨 있음을 기억할 때, 우리는 더욱 깊은 감사를 느끼게 됩니다. 그리고 이 감사는 우리로 하여금 이웃을 섬기게 합니다. 우리는 서로의 수고를 귀하게 여기며, 다른 이들을 향한 사랑의 손길이 되어야 합니다. 가정은 바로 이 사랑과 섬김이 시작되는 첫 자리이며, 가장 깊이 배우고 실천하는 곳입니다. 우리에게 맡겨진 가족들을 그리스도의 사랑으로 돌보고 가르치며, 함께 하나님을 섬기는 가운데 우리는 날마다 새롭게 부어 주시는 은혜를 발견하게 됩니다. 루터는 이러한 은혜를 구하며 이렇게 기도했습니다.

> 모든 주민과 농부들이 부지런히 일하고 서로를 자비롭고 충실하게 대하게 하시며, 좋은 날씨와 풍성한 수확을 허락해 주십시오.
> 저의 집과 재산, 아내와 자녀를 주님께 맡기오니, 제가 그리스도인답게 그들을 잘 보살피고 돕고 가르치게 해 주십시오. 지상에서 우리를 해치고 화를 끼치려 하는 모든 악한 세력으로부터 우리를 지켜 주십시오.

하나님께서 우리에게 베푸시는 은혜는 여기서 멈추지 않습니다. 죄로 인해 하나님과 단절되고 서로에게서 멀어진 우리에게 가장 필요한 것은 하나님과의 화해, 참된 사랑, 죄의 용서, 영혼의 평안입니다. 이것은 우리 스스로 채울 수 없는 깊은 갈망이며, 어떤 물질적 풍요로도 메울 수 없는 영혼의 굶주림입니다. 하나님은 우리의 깊은 갈망을 알고 예수 그리스도를 보내 주셨습니다. 이제 성령을 통해 우리는 그리스도 안에서 참된 생명의 양식을 맛보게 되었습니다. 초대 교회 성도들은 이같은 은혜를 깊이 경험했습니다.

"믿는 사람이 다 함께 있어 모든 물건을 서로 통용하고 또 재산과 소유를 팔아 각 사람의 필요를 따라 나눠 주며 날마다 마음을 같이하여 성전에 모이기를 힘쓰고 집에서 떡을 떼며 기쁨과 순전한 마음으로 음식을 먹고 하나님을 찬미하며 또 온 백성에게 칭송을 받으니 주께서 구원 받는 사람을 날마다 더하게 하시니라" (행 2:46-47).

떡을 떼는 일은 단순한 음식 나눔이 아니었습니다. 그것은 그리스도의 몸을 함께 나누는 거룩한 교제였고, 영적 양식을 서로 나누는 사랑의 교제였습니다. 그리스도 안에서 참된 생명의 양식을 맛본 초대교회 성도들은 자연스럽게 자신의 소유를 이웃과 나누었고, 서로의 필요를 채우며 한 몸이 되어갔습니다. 놀랍게도 그들의 나눔을 통해 주께서 구원받는 사람을 날마다 더하게 하셨습니다. 매일의 양식을 나누는 손길 속에서 영원한 생명을 전하는 것, 이것이야말로 일용할 양식에 담긴 가장 깊은 은혜입니다. 이러한 깊은 이해와 소망을 담아, 다음과 같이 기도하겠습니다.

"하나님 아버지, 우리가 구하기도 전에 우리의 모든 필요를 알고 일용할 양식으로 채워 주시니 감사드립니다. 날마다 가정과 일터에서 주님의 선하신 돌봄을 경험하게 하시니 감사합니다. 서로를 향한 사랑과 섬김이 넘치게 하시고, 주님께 받은 모든 좋은 것을 이웃과 나누며 기뻐하는 삶이 되게 하옵소서. 우리의 작은 나눔을 통해 주님의 크신 은혜가 드러나게 하옵소서. 예수님의 이름으로 기도합니다. 아멘."

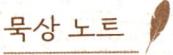

"오늘 우리에게 일용할 양식을 주시고."

묵상 노트를 통해 주기도문의 네 번째 간구를 삶에 적용할 수 있기를 바랍니다. 모든 질문에 답을 써야 하는 것은 아니며, 순서대로 또는 시선이 가는 부분부터 해 볼 수 있습니다.

1. 말씀과 만나기

주기도문의 네 번째 간구는, 매일의 삶에서 하나님의 공급하심을 구하는 기도입니다. 하나님은 매일의 양식을 통해 신실하게 돌보시며, 그 은혜를 이웃과 나누는 삶으로 우리를 초대하셨습니다.

- "오늘 우리에게 일용할 양식을 주시고"를 천천히 세 번 읽어 보세요.

- 이 내용을 읽을 때 떠오르는 생각이나 느낌은 무엇인가요?

- 특별히 마음에 다가오는 단어는 무엇인가요(예: '오늘', '우리', '일용할 양식' 등)?

▢ 그 단어가 특별한 의미로 다가오는 이유는 무엇인가요?

2. 하늘에서 땅으로

주기도문의 앞부분에서 하나님의 이름과 나라와 뜻을 구했다면, 이제는 우리의 일상적인 필요를 구하게 됩니다. 이는 하늘에서 땅으로 시선을 옮기는 것이지만, 하늘과 땅의 모든 것이 하나님의 다스림 아래 있음을 보여 줍니다. 하나님은 우리의 일상에 깊은 관심을 가지고 계시며, 그분의 자녀인 우리는 모든 필요를 담대히 아뢸 수 있습니다.

▢ 일상적인 필요를 하나님께 구하는 것이 때로는 신앙적이지 않게 느껴질 때가 있나요? 그렇다면 그 이유는 무엇인가요?

"너희 중에 누가 아들이 떡을 달라 하는데 돌을 주며 생선을 달라

하는데 뱀을 줄 사람이 있겠느냐 … 하물며 하늘에 계신 너희 아버지께서 구하는 자에게 좋은 것으로 주시지 않겠느냐"(마 7:9-11).

- 이 말씀은 우리의 일상적인 필요를 구하는 기도에 대해 무엇을 가르쳐 주나요?

"너희는 먼저 그의 나라와 그의 의를 구하라 그리하면 이 모든 것을 너희에게 더하시리라"(마 6:33).

- 예수님의 약속을 기억하며, 일상의 필요를 어떤 마음으로 하나님께 구하고 싶은가요?

3. 오늘의 만나

광야에서 이스라엘 백성은 매일 아침 만나를 거두어야 했습니다. 내일의 만나를 미리 저장할 수 없었던 이유는, 그들이 날마다 하나님을 신뢰하는 법을 배우게 하시기 위함이었습니다. 하나님은 오늘도 우리가 당신을 날마다 신뢰하기를 원하십니다.

- 광야의 이스라엘 백성처럼 하나님을 날마다 의지해야 했던 경험이 있다면 나누어 보세요.

_____
_____
_____

"너희 염려를 다 주께 맡기라 이는 그가 너희를 돌보심이라"(벧전 5:7).

- 지금 당신은 하나님을 날마다 의지하는 삶을 살아가고 있나요?

_____
_____

4. 신실하신 아버지의 돌보심

하나님은 우리의 창조주이며, 이 땅에서 우리를 돌보는 아버지이십니다. 공중의 새를 먹이고 들의 백합화를 입히는 하나님께서는 우리의 필요를 알고 신실하게 채워 주십니다. 우리는 아버지의 돌보심을 신뢰하며 모든 필요를 간구합니다.

루터는 "오, 사랑하는 주 하나님 아버지, 이 현세의 육체적인 삶 속에서도 주님의 은혜를 우리에게 부어 주십시오. 은혜롭고 복된 평화를 허락하시고, 전쟁과 무질서로부터 우리를 지켜 주십시오"라고 기도했습니다. 우리도 일상의 구체적인 필요 가운데 하나님의 돌보심을 구할 수 있습니다.

- 지금 당신의 삶에서 하나님의 돌보심이 특별히 필요한 부분은 어디인가요?

  _____
  _____
  _____

- 여러 일로 마음이 불안하고 걱정될 때, "공중의 새를 보라 심지도 않고 거두지도 않고 창고에 모아들이지도 아니하되 너희 하늘 아버지께서 기르시나니 너희는 이것들보다

귀하지 아니하냐"(마 6:26)라는 말씀은 당신에게 어떤 위로와 확신을 주나요?

_____
_____
_____

5. 우리를 위한 양식

일용할 양식은 음식뿐만이 아닙니다. 마음의 평안, 가정의 화목, 이웃과의 좋은 관계, 사회의 평화, 영혼의 배부름과 같이 우리의 삶에 필요한 모든 것을 의미합니다. 예수님은 일용할 양식을 구하는 기도를 '우리의 기도'로 가르치셨습니다. 이는 하나님께서 주시는 은혜가 나 혼자만이 아닌, 우리 모두를 위한 것임을 깨닫게 합니다.

- 영육의 양식, 가정의 화목, 관계의 기쁨, 마음의 평안 등 하나님께서 베푸신 은혜를 생각하며 오늘 당신이 누리고 있는 일용할 양식에 대한 감사의 기도를 적어 보세요.

_____
_____
_____

▫ '우리'의 양식을 구하는 기도는 나의 시선을 이웃의 삶으로 향하게 합니다. "모든 주민과 농부들이 부지런히 일하고 서로를 자비롭고 충실하게 대하게 하시며, 좋은 날씨와 풍성한 수확을 허락해 주십시오"라는 루터의 기도를 생각하며, 당신의 주변에 도움과 위로가 필요한 이웃이 있는지 떠올려 보세요. 그들과 함께 나누고 싶은 것은 무엇인가요 (예: 함께 기도하고 말씀 나누기, 경청하고 함께 있어 주기, 따뜻한 관심과 위로의 말 전하기, 물질(식사, 선물 등)로 섬기기, 상황을 살피고 구체적인 도움 주기 등)?

---

6. 나의 작은 실천

▫ 일용할 양식의 의미를 기억하며 실천하고 싶은 것들을 적어 보세요(예: 매일 아침 감사로 하루 시작하기, 날마다 하나님의 돌보심을 간구하기, 받은 은혜에 감사하며 이웃과 나누기, 평화로운 공동체(가정, 사회, 국가 등)를 위해 기도하기 등).

---

7. 묵상을 마치며 드리는 기도

▫ 하나님께서 우리에게 일용할 양식을 주시기를 소망하며, 지금까지의 묵상을 바탕으로 기도를 적어 보세요.

한 주간의 실천 일기

매일 저녁, 그날 주신 일용할 양식에 대한 감사와 나눔의 이야기를 적어 보세요.

월요일

화요일

수요일

목요일

금요일

토요일

주일

- 예배에서 받은 은혜

- 새로운 한 주, 우리의 일용한 양식을 위한 기도

주기도문
다섯 번째 간구

우리가 우리에게 잘못한 사람을 용서하여 준 것같이 우리 죄를 용서하여 주시고

루터의 기도

이렇게 기도하십시오.

"오, 자비로우신 주 하나님 아버지, 우리를 심판의 자리로 이끌지 말아 주십시오. 살아 있는 사람은 그 누구도 주님 앞에서 의롭다 할 수 없기 때문입니다. 영적인 것이든 육적인 것이든, 주님의 형언할 수 없는 선하심을 입고도 감사하지 못했던 우리의 잘못을 죄로 여기지 말아 주십시오. 우리는 하루에도 수없이, 시편 19편을 읽고 우리가 죄인임을 깨닫는 것보다 더 자주 죄에 빠지는 자들입니다.

　주님, 지난날 우리가 얼마나 선했는지 혹은 악했는지를 살피지 마시고, 오직 당신의 사랑하는 아들, 예수 그리스도 안에서 우리에게 베풀어 주신 무한한 자비만을 기억해 주십시오. 또한 우리가 우리에게 잘못을 저지른 이들을 마음으로부터 용서하오니, 그들도 용서해 주십시오. 그들은 우리를 해치는 행동으로 주님의 진노를 자초하여 스스로에게 가장 큰 위협을 가하고 있습니다. 그러나 그들이 멸망한다 해도 우리에게는 아무런 유익이 없기에, 오히려 그들이 우리와 함께 구원받기를 간절히 바랍니다. 아멘." (도저히 용서할 수 없다고 느끼는 사람이 있다면, 용서할 수 있는 은혜를 구하게 하십시오. 그러나 이 부분은 설교에서 다루어져야 할 주제입니다.)

묵상을 돕는 글

주기도문의 다섯 번째 간구는 용서라는 깊은 신비 앞에 우리를 세웁니다. 하나님의 용서를 구하는 이 기도에서 우리는 놀라운 진리를 발견합니다. 하나님의 용서와 우리의 용서는 분리될 수 없이 하나로 얽혀 있습니다. 마치 하늘에서 내린 비가 땅을 적시고 다시 강물이 되어 바다로 흘러가듯이, 하나님의 용서도 우리를 통해 세상으로 흘러가도록 계획되었습니다. 이는 우리의 삶 속에서 놀랍게 드러납니다. 하나님의 크신 용서를 경험한 우리는 어느새 다른 이들을 향해 그 용서를 흘려보내고 있는 자신을 발견하게 됩니다. 하나님의 용서를 받은 삶이 이제 이웃을 용서하는 삶으로 발걸음을 내딛는 것입니다.

하나님의 용서는 우리의 모든 이해와 경험을 뛰어넘습니다. 우리는 보통 잘못의 크기에 따라 용서의 범위를 정하고, 진정한 사과가 있어야 용서할 수 있다고 생각합니다. 그러나 하나님의 용서는 우리의 계산을 완전히 뒤엎습니다. 누가복음 15장의 탕자의 비유가 이를 잘 보여 줍니다. 아버지는 집을 떠난 아들을 날마다 기다립니다. 아들은 모든 재산을 탕진하고 돼지가 먹는 쥐엄 열매로도 주린 배를 채울 수 없을 만큼 비참한 상황에 처했지만, 그의 초라한 모습을 멀리서 알아본 아버지는 망설임 없이 달려가 아들을 끌어안고 입을 맞춥니다. 이것이 바로 하나님의 용서입니다. 우리가 돌이킬 마음을 품기도 전에, 회개의 말을 준비하기도 전에, 아버지는 이미 우리를 기다리고 계셨습니다. 그분의 끝없는 사랑 앞에서 우리는 그저 아버지의 품에 안길 수밖에 없습니다. 루터는 이러한 겸손한 마음으로 다음과 같이 기도했습니다.

오, 자비로우신 주 하나님 아버지, 우리를 심판의 자리로 이끌지 말아 주십시오. 살아 있는 사람은 그 누구도 주님 앞에서 의롭다 할 수 없기 때문입니다. … 지난날 우리가 얼마나 선했는지 혹은 악했는지를 살피지 마시고, 오직 당신의 사랑하는 아들, 예수 그리스도 안에서 우리에게 베풀어 주신 무한한 자비만을 기억해 주십시오.

우리를 향한 하나님의 용서는 전적으로 그리스도의 십자가에 근거합니다.

"그의 피로 말미암아 속량 곧 죄 사함을 받았느니라"(엡 1:7).

하나님은 당신의 독생자를 내어 줌으로써 우리를 용서하셨습니다. 이는 결코 값싼 용서가 아닙니다. 그 용서 안에는 아들의 생명을 내어 주신 아버지의 크나큰 사랑이 담겨 있습니다.

하나님의 용서는 그리스도의 구속 사역에서 깊이 드러납니다. 영원하신 말씀이 육신이 되어 이 땅에 오셨습니다. 예수님은 우리의 자리에서, 우리를 대신하여 아버지를 온전히 사랑하고 그 뜻에 순종하셨습니다. 마침내 죄 없으신 분께서 죄인들을 위해 형벌을 받고 십자가에서 대신 죽음으로써 하나님의 용서와 화해를 이루셨습니다. 예수님의 모든 순종을 통해 하나님은 죄인인 우리를 용서하셨습니다. 우리를 향한 아버지의 깊은 사랑이 예수 그리스도 안에서 세상에 나타나고 증거된 것입니다.

놀라운 하나님의 용서를 우리는 쉽게 이해할 수 없습니다. 그래서 예수님은 한 비유를 통해 그 은혜의 깊이를 보여 주셨습니다. 한 종이 감히 갚을 수 없는 1만 달란트의 빚을 졌습니다. 그가 주인 앞에 엎드려 자비를 구하자, 주인은 불쌍히 여겨 그의 모든 빚을 탕감해 주었습니다. 이처럼 우리도 그리스도 안에서 우리의 모든 죄를 용서받고 하나님과의 화목을 선물로 받았습니다. 그러나 이렇게 큰 용서를 받은 종은 자신에게 얼마 되지 않는 100데나리온을 빚진 동료를 옥에 가두었고, 이 소식을 들은 주인은 크게 진노했습니다. 이 비유는 우리가 하나님께 받은 용서가 얼마나 큰지, 그 용서가 어떻게 우리를 통해 흘러가야 하는지를 분명히 보여 줍니다.

그러나 이러한 진리를 아는 것과 살아 내는 것은 다른 문제입니다. 하나님의 용서를 알면서도 우리는 다른 사람을 용서하는 데 어려움을 느낍니다. 우리에게 상처를 준 사람을 진심으로 용서하기가 쉽지 않기 때문입니다. 이런 우리에게 필요한 것은 십자가 앞에서의 깊은 체험입니다. 십자가 앞에 서면, 우리는 우리의 죄가 얼마나 깊은지 그리고 그 죄를 용서하신 하나님의 사랑이 얼마나 큰지를 보게 됩니다. 십자가의 은혜 앞에서 우리는 용서받은 자로서의 새로운 정체성을 받게 되고, 비로소 다른 이들을 향한 진정한 용서가 우리 안에서 시작됩니다. 그런 깊은 체험 속에서 루터는 다음과 같이 기도했습니다.

> 우리가 우리에게 잘못을 저지른 이들을 마음으로부터 용서하오니, 그들도 용서해 주십시오. 그들은 우리를 해치는 행동으로 주님의 진노를 자초하여 스스로에게 가장 큰 위협을 가하고 있습니다. 그러나 그들이 멸망한다 해도 우리에게는 아무런 유익이 없기에, 오히려 그들이 우리와 함께 구원받기를 간절히 바랍니다.

이 기도는 용서의 놀라운 역설을 보여 줍니다. 우리에게 잘못한 이들을 향한 마음이 분노에서 긍휼로 바뀌는 것입니다. 우리가 그리스도 안에서 받은 용서가 너무나 크기에, 우리는 더 이상 다른 이들의 잘못에 얽매여 있지 않게 됩니다. 오히려 그들도 우리가 경험한 이 은혜를 알게 되기를 간절히 바라게 됩니다. 용서는 우리를 자유롭게 합니다. 누군가의 잘못을 마음에 품고 있을 때 우리는 그 무게로 고통받지만, 용서할 때 우리는 참된 자유를 경험하게 됩니다.

중보 기도는 용서의 은혜가 실제가 되는 자리입니다. 우리에게 상처를 준 사람을 위해 기도하기 시작할 때, 놀라운 변화가 일어납니다. 우리는 더 이상 그 사람을 우리에게 잘못을 저지른 사람으로만 보지 않게 됩니다. 상처를 준 그 사람도 우리처럼 하나님의 은혜가 필요한 존재이며, 그리스도의 십자가 사랑이 필요한 한 영혼임을 깨닫게 됩니다. 이러한 깨달음은 우리의 마음을 움직여 그들의 구원과 회복을 간절히 바라게 합니다. 기도하는 가운데 우리는 그들을 향한 하나님의 마음을 조금씩 알아 가게 되고, 그때 우리의 상처 입은 마음도 치유되기 시작합니다.

우리가 용서하려 할 때마다 그것이 불가능하게 느껴질 때가 있습니다. 베드로도 같은 고민을 했습니다.

"주여 형제가 내게 죄를 범하면 몇 번이나 용서하여 주리이까 일곱 번까지 하오리이까"(마 18:21).

이에 대한 예수님의 대답은 놀랍습니다.

"일곱 번뿐 아니라 일곱 번을 일흔 번까지라도 할지니라"(마 18:22).

이는 단순히 용서의 횟수를 말씀하신 것이 아니라, 한계 없는 용서, 끝없는 용서를 말씀하신 것입니다. 우리가 이렇게 용서할 수 있는 것은 우리의 능력이나 선함 때문이 아닙니다. 우리가 먼저 하나님의 크신 용서를 경험했기 때문입니다.

용서는 교회를 세상과 다른 은혜와 자비의 공동체로 만듭니다. "서로 친절하게 하며 불쌍히 여기며 서로 용서하기를 하나님이 그리스도 안에서 너희를 용서하심과 같이 하라"(엡 4:32)라는 말씀처럼, 우리는 서로를 향한 용서를 통해 그리스도의 몸을 세워 갑니다. 이렇게 서로 용서하며 세워 가는 공동체가 교회이며, 그 교회를 통해 하나님 나라의 모습이 이 땅에서 드러납니다. 한 사람이 받은 용서는 또 다른 이에게로 그리고 그 너머로 끊임없이 흘러가며 더 큰 은혜의 물결을 만들어 냅니다. 이러한 깊은 이해와 소망을 담아, 다음과 같이 기도하겠습니다.

"하나님 아버지, 그리스도 안에서 우리에게 베푸신 크신 용서의 은혜를 감사드립니다. 우리가 받은 이 은혜를 기억하며 다른 이들을 용서하게 하시고, 용서하기 힘들 때마다 십자가의 사랑을 바라보며 기도하게 하옵소서. 교회마다 용서의 은혜가 넘치는 그리스도의 공동체가 되게 하시고, 교회를 통해 하나님의 놀라운 용서가 세상으로 흘러넘치게 하옵소서. 예수님의 이름으로 기도합니다. 아멘."

묵상 노트

"우리가 우리에게 잘못한 사람을 용서하여
준 것같이 우리 죄를 용서하여 주시고."

묵상 노트를 통해 주기도문의 다섯 번째 간구를 삶에 적용할 수 있기를 바랍니다. 모든 질문에 답을 써야 하는 것은 아니며, 순서대로 또는 시선이 가는 부분부터 해 볼 수 있습니다.

1. 말씀과 만나기

주기도문의 다섯 번째 간구는, 하나님의 용서와 우리의 용서가 깊이 연결되어 있음을 가르쳐 줍니다. 하나님께 받은 용서가 우리의 삶을 통해 다른 사람들에게 흘러갈 때, 우리는 하나님의 은혜를 더 온전히 경험하게 됩니다.

- "우리가 우리에게 잘못한 사람을 용서하여 준 것같이 우리 죄를 용서하여 주시고"를 천천히 세 번 읽어 보세요.

- 이 내용을 읽을 때 떠오르는 생각이나 느낌은 무엇인가요?

- 특별히 마음에 다가오는 단어는 무엇인가요(예: '잘못한 사람', '용서', '죄' 등)?

- 그 단어가 특별한 의미로 다가오는 이유는 무엇인가요?

2. 용서의 의미 생각하기

용서라는 말을 자주 사용하지만, 정작 진정한 용서가 무엇인지 깊이 생각해 보는 일은 쉽지 않습니다. 우리는 흔히 잘못의 크기를 재고, 상대의 진정성을 확인하며, 용서의 조건을 따집니다.

- 용서는 무엇이라고 생각하나요?

- "일곱 번을 일흔 번까지라도 [용서]할지니라"(마 18:22) 하신 예수님의 말씀은 용서에 대해 무엇을 가르쳐 주나요? 하나님께서 보여 주신 용서와 당신이 실천하는 용서 사이에는 어떤 차이가 있을까요?

3. 하나님의 용서 만나기

우리가 생각하는 용서의 기준과 조건들을 완전히 뒤엎는 분이 계십니다. 그분은 우리가 돌이키기도 전에 먼저 달려오시고, 우리의 자격과 조건을 따지지 않으십니다. 탕자를 향해 달려간 아버지처럼, 하나님은 우리를 놀라운 용서로 품어 주십니다.

- 하나님의 무조건적인 사랑과 용서는 당신에게 어떤 의미로 다가오나요?

- 루터는 "오직 당신의 사랑하는 아들, 예수 그리스도 안에서 우리에게 베풀어 주신 무한한 자비만을 기억해 주십시오"라고 기도했습니다. 이 기도에서 보여 주는 하나님의 모습은 당신에게 어떤 위로가 되나요?

4. 그리스도의 십자가 앞에서

죄인을 사랑하시는 하나님의 용서는 십자가에서 완전하게 드러났습니다. 우리의 죄를 대신 짊어지신 예수님의 십자가 앞에서 우리는 우리의 죄와 하나님의 용서의 은혜를 깊이 만나게 됩니다.

- 십자가 앞에서 당신이 용서받은 죄인임을 깊이 느꼈던 때는 언제인가요?

  _____

  _____

- 십자가의 은혜를 경험한 후, 당신을 힘들게 했던 사람들에 대한 마음과 태도는 어떻게 달라졌나요?

  _____

  _____

5. 용서의 실천과 중보 기도

용서는 우리의 결심만으로 되지 않습니다. 우리가 먼저 하나님께 받은 큰 용서가 있기에 다른 이들을 용서할 수 있습니다. 무엇보다 용서는 하나님 앞에서 드리는 깊은 기도로부터 시작됩니다. 우리에게 상처를 준 사람을 위해 기도할 때, 놀라운 변화가 일어납니다.

- 지금 당신의 마음속에 용서하지 못한 사람이 있나요?

- 루터는 "그들이 우리와 함께 구원받기를 간절히 바랍니다"라고 기도했습니다. 당신은 당신에게 잘못한 그 사람을 위해 기도하고 있나요? 만약 그렇지 않다면, 그 이유는 무엇인가요?

- 그리스도 안에서 당신을 용서하신 하나님의 사랑을 묵상하며, 아직까지 마음으로 용서하지 못한 그 사람을 위해 중보 기도를 적어 보세요.

▢ 기도를 마친 후 당신의 마음에 어떤 변화가 느껴지나요?

6. 나의 작은 실천

▢ 하나님께서 베풀어 주신 용서의 은혜를 생각하며 실천하고 싶은 것들은 적어 보세요(예: 성경을 통해 하나님의 용서 배우기, 십자가의 사랑을 깊이 묵상하기, 용서하지 못한 사람을 위해 매일 기도하기, 상처 준 사람에게 용서 구하기 등).

7. 묵상을 마치며 드리는 기도

▫ 하나님의 용서를 깊이 경험하고 나누기를 소망하며, 지금까지의 묵상을 바탕으로 기도를 적어 보세요.

___

한 주간의 실천 일기

한 주 동안 하나님의 용서를 묵상하고, 마음으로 용서하지 못한 그 사람을 위해 기도해 보세요.

월요일 아버지의 마음으로 용서하시는 하나님 (눅 15:11-24)
- 말씀에서 배운 하나님의 용서

- 중보 기도

화요일 한없는 용서를 베푸시는 주님(마 18:21-35)

- 말씀에서 배운 하나님의 용서

- 중보 기도

수요일 그리스도 안에서 용서하신 것같이(엡 4:31-32)

- 말씀에서 배운 하나님의 용서

- 중보 기도

목요일 용서로 하나 되는 그리스도의 몸(골 3:12-14)

- 말씀에서 배운 하나님의 용서

- 중보 기도

금요일 용서와 용서받음의 관계(마 6:14-15)

- 말씀에서 배운 하나님의 용서

- 중보 기도

토요일 우리가 죄인 되었을 때 사랑하신 하나님(롬 5:6-8)

- 말씀에서 배운 하나님의 용서

- 중보 기도

주일

- 예배에서 받은 은혜

- 새로운 한 주, 용서의 삶을 위한 기도

> 주기도문
> 여섯 번째 간구

우리를 시험에
빠지지 않게 하시고

루터의 기도

이렇게 기도하십시오.

"오, 자비로우신 하나님 아버지, 우리가 모든 것을 이루었다고 착각하여 자기만족에 빠지거나, 게으르고 나태해지지 않도록 우리를 늘 깨어 있게 하시며, 주님의 말씀을 읽고 예배하고자 하는 열망을 잃어버리지 않게 해 주십시오. 그렇게 할 때 악한 세력이 우리를 급습하여 놀라게 하거나, 주님의 보배로운 말씀을 빼앗아 가지 못할 것이며, 우리 가운데 분쟁과 분열을 일으키지 못하고, 우리를 영적이거나 육체적인 죄와 수치로 끌고 가지 못할 것입니다. 주님의 영을 통해 우리에게 지혜와 능력을 더해 주서서, 우리가 담대하게 악의 세력에 저항하고 승리할 수 있게 해 주십시오. 아멘."

묵상을 돕는 글

주기도문의 여섯 번째 간구는 우리가 마주하는 영적 전쟁의 현실을 드러냅니다. 이 기도를 통해 우리는 끊임없는 시험 앞에 선 인간의 연약함과 그 속에서도 우리를 지키시는 하나님의 신실하심을 동시에 고백하게 됩니다. 세상의 유혹, 내면의 욕망, 영적 교만은 때로는 강하게, 때로는 은밀하게 우리를 넘어뜨리려 합니다. 그러나 가장 위험한 순간은 우리가 시험의 위험을 인식하지 못할 때입니다. 겟세마네 동산에서 제자들이 바로 그러했습니다. 예수님께서 시험에 들지 않게 깨어 기도하라고 당부하셨지만, 그들은 주님의 말씀을 깨닫지 못한 채 잠들고 말았습니다. 그러나 제자들의 모습은 지금 우리의 모습이기도 합니다. 영적으로 가장 깨어 있어야 할 순간에, 우리는 종종 가장 깊이 잠들어 있습니다.

시험은 우리가 생각하는 것보다 훨씬 더 교묘하게 찾아옵니다. 우리는 시험이 분명한 모습으로 다가올 것이라 생각하지만, 많은 경우에 시험은 일상 속에서 소리 없이 찾아옵니다. 때로는 거룩한 분노가 다툼으로 변하고, 필요한 쉼은 게으름으로 변질되며, 정당한 요구는 이기적인 고집으로 바뀌어 갑니다. 신앙의 영역에서도 마찬가지입니다. 처음에는 그토록 감격스럽던 말씀이 시간이 지나면서 단순한 지식으로 굳어지고, 한때 그렇게 사모하던 예배는 형식적인 의무로 변해 갑니다. 영적 나태함은 평온한 믿음으로, 도덕적 타협은 현실적인 지혜로, 관계의 분열은 정당한 의견 차이로 포장됩니다. 이와 같은 자기 합리화 속에서 우리는 서서히 시험의 깊은 수렁으로 빠져듭니다. 루터는 시험 앞에서 늘 깨어 있기를 소망하며 이렇게 기도했습니다.

오, 자비로우신 하나님 아버지, 우리가 모든 것을 이루었다고 착각하여 자기만족에 빠지거나, 게으르고 나태해지지 않도록 우리를 늘 깨어 있게 하시며, 주님의 말씀을 읽고 예배하고자 하는 열망을 잃어버리지 않게 해 주십시오.

루터의 기도는 우리에게 중요한 영적 통찰을 줍니다. 시험은 우리가 현재의 신앙생활에 안주할 때 가장 위험한 모습으로 찾아옵니다. 겉으로는 안정된 신앙생활을 하는 것처럼 보이지만, 그 안에는 더 이상의 영적 갈망이 없습니다. 하나님을 향한 사랑이 식어 가는데도 그것을 성숙이라 착각합니다. 요한계시록의 라오디게아교회가 바로 그랬습니다. 그들은 스스로를 부요하다고 자랑했지만, 주님의 눈에는 곤고하고 가련하며 눈먼 자들이었습니다. 미지근한 신앙으로 안주하는 그들에게 주님은 "내가 문밖에 서서 두드리노니"(계 3:20)라고 말씀하셨습니다. 영적 자만에 빠진 그들은 주님조차 문밖에 세워 둔 채 살아가고 있었던 것입니다. 그래서 루터는 '말씀을 사모하며 예배를 갈망하는 마음'이 유지되기를 간절히 구했습니다. 살아 있는 신앙은 언제나 더 깊은 목마름을 품고 있기 때문입니다. 시편 기자도 이런 갈급함을 고백합니다.

"하나님이여 사슴이 시냇물을 찾기에 갈급함 같이 내 영혼이 주를 찾기에 갈급하니이다"(시 42:1).

하나님을 향한 우리의 사모함은 날마다 새로워져야 합니다. 말씀과 예배는 우리의 영적 사모함을 지켜 주는 은혜의 선물입니다. 광야에서 40일을 금식하신 예수님께 사탄이 찾아왔습니다. 돌로 떡을 만들라는 유혹 앞에서 예수님은 "사람은 떡으로만 사는 것이 아니라, 하나님의 입에서 나오는 모든 말씀으로 사는 것이다"라고 말씀하셨습니다. 육신의 배고픔보다 더 깊은 영혼의 굶주림이 있으며, 그것은 오직 하나님의 말씀으로만 채워진다는 진리를 보여 주신 것입니다. 우리가 영적으로 메마르고 나태해질 때, 말씀은 단비처럼 우리 마음에 스며들어 다시 갈급함을 일으킵니다. 예배 또한 우리를 영적 잠에서 깨어나게 합니다. 예수님이 베다니를 방문하셨을 때 마르다는 손님 접대로 분주했지만, 동생 마리아는 주님의 발 앞에 앉아 말씀을 들었습니다. 마르다가 불평하자 예수님은 오히려 마리아가 좋은 편을 택했다고 말씀하셨습니다. 분주함 속에서 가장 중요한 것을 놓치고 있던 마르다와 달리, 마리아는 주님과의 만남에 온 마음을 쏟았던 것입니다. 예배는 우리가 다시 주님 앞에 고요히 앉는 시간입니다. 그곳에서 식어진 마음이 다시 뜨거워지고, 잠들었던 영혼이 깨어납니다.

    말씀과 예배라는 은혜로운 선물이 있음에도 우리는 여전히 연약합니다. 아무리 깨어 있으려 해도 자주 마음이 해이해지고, 시간이 흐를수록 열정은 식어 갑니다. 하나님은 우리의 이러한 연약함을 알고 성령님을 보내 주셨습니다. 예수님은 제자들에게 "내가 아버지께 구하겠으니 그가 또 다른 보혜사를 너희에게 주사 영원토록 너희와 함께 있게 하리니"(요 14:16)라고 약속하셨습니다. 헬라어 '파라클레토스'를 한글로 번역한 '보혜사'는 '곁에서 위로하고 도움을 베푸시는 분'이라는 뜻입니다. 성령님은 우리 안에 계시면서 우리를 도와주십니다. 우리가 영적으로 나태해질 때도, 말씀을 멀리할 때도, 예배를 형식으로 드릴 때도, 성령님은 우리 안에서 신음하며 말할 수 없는 탄식으로 우리를 위해 간구하십니다.

더 나아가, 성령님은 우리를 인도하며 지혜와 능력을 주십니다. "진리의 성령이 오시면 그가 너희를 모든 진리 가운데로 인도하시리니"(요 16:13)라는 약속대로, 성령님은 우리가 말씀을 읽을 때 진리를 깨닫게 하시고, 예배 가운데 임재하시는 부활의 주님을 만나게 하십니다. 마치 가지가 포도나무에 붙어 있어야 열매를 맺듯이, 우리도 그리스도와의 연합 안에서 시험을 이길 힘을 얻습니다. 루터가 간절히 구한 '지혜와 능력'은 바로 이 성령의 도우심입니다. 성령의 도우심을 신뢰하며 루터는 이렇게 기도했습니다.

> 악한 세력이 우리를 급습하여 놀라게 하거나, 주님의 보배로운 말씀을 빼앗아 가지 못할 것이며, 우리 가운데 분쟁과 분열을 일으키지 못하고, 우리를 영적이거나 육체적인 죄와 수치로 끌

고 가지 못할 것입니다. 주님의 영을 통해 우리에게 지혜와 능력을 더해 주셔서, 우리가 담대하게 악의 세력에 저항하고 승리할 수 있게 해 주십시오.

우리는 이 영적 싸움에서 홀로 걷지 않습니다. 하나님은 우리에게 교회라는 거룩한 공동체를 주셨습니다. 초대 교회 성도들은 날마다 모여 떡을 떼며 기도에 힘썼습니다. 박해가 심해질수록, 그들은 더욱 서로를 격려하며 믿음을 지켜 냈습니다. 이러한 거룩한 교제 안에서 성부와 성자와 성령 하나님의 사랑의 사귐은 현실이 되었습니다. 오늘날도 마찬가지입니다. 우리가 함께 모여 예배하고 교제할 때, 삼위일체 하나님의 사랑이 우리를 하나 되게 하십니다. 서로의 믿음을 붙들어 주고 약해진 지체를 일으켜 세울 때, 우리는 어떤 시험도 이겨 낼 수 있습니다. 이것이 바로 우리가 함께 시험을 이겨 내는 길입니다.

우리의 걸음 끝에는 영광스러운 소망이 있습니다.

"생각하건대 현재의 고난은 장차 우리에게 나타날 영광과 비교할 수 없도다"(롬 8:18).

이 땅에서 우리가 믿음의 시험을 만날 때마다, 예수님은 하늘에서 우리를 위해 쉬지 않고 기도하고 계십니다. 그리고 마침내 그날이 오면, 우리는 셀 수 없이 많은 성도와 함께 하나님의 보좌 앞에 서서 승리의 찬양을 부르게 될 것입니다. 그날까지 우리는 성령 안에서 깨어 기도하며, 교회 공동체 안에서 서로를 붙들어 주며, 말씀을 통해 날마다 그리스도를 바라봅니다. 이러한 깊은 이해와 소망을 담아, 다음과 같이 기도하겠습니다.

"하나님 아버지, 우리를 사랑의 교제로 부르시고 성령으로 인도하시니 감사합니다. 우리의 연약함을 알고 말씀과 예배를 통해 늘 새롭게 하시며, 교회 공동체를 통해 서로를 믿음으로 세우게 하시니 감사합니다. 시험 가운데서도 우리를 붙드시고, 주님 앞에 서는 영광스러운 그날까지 신실하게 걸어가게 하옵소서. 예수님의 이름으로 기도합니다. 아멘."

묵상 노트

"우리를 시험에 빠지지 않게 하시고."

묵상 노트를 통해 주기도문의 여섯 번째 간구를 삶에 적용할 수 있기를 바랍니다. 모든 질문에 답을 써야 하는 것은 아니며, 순서대로 또는 시선이 가는 부분부터 해 볼 수 있습니다.

1. 말씀과 만나기

주기도문의 여섯 번째 간구는, 영적 전쟁의 현실과 하나님의 신실한 보호하심을 동시에 고백하는 기도입니다. 우리가 하나님과 친밀히 교제할 때, 하나님은 우리를 모든 시험에서 지키고 마침내 승리하게 하십니다.

- "우리를 시험에 빠지지 않게 하시고"를 천천히 세 번 읽어 보세요.

- 이 내용을 읽을 때 떠오르는 생각이나 느낌은 무엇인가요?

- 특별히 마음에 다가오는 단어는 무엇인가요(예: '우리', '시험', '빠지지 않게 하시고' 등)?

▫ 그 단어가 특별한 의미로 다가오는 이유는 무엇인가요?

_____

_____

_____

2. 시험의 본질 이해하기

시험은 우리 삶의 모든 영역에서 찾아옵니다. 때로는 분명한 유혹으로, 때로는 우리의 일상 속에 소리 없이 스며듭니다. 거룩한 분노가 다툼으로 변하고, 필요한 쉼이 게으름으로 변질되며, 영적 나태함이 성숙으로 포장되는 순간들이 있습니다.

▫ 겟세마네 동산에서 잠들었던 제자들처럼, 영적으로 가장 깨어 있어야 할 순간에 잠들어 있었던 경험이 있나요?

_____

_____

_____

▫ 라오디게아교회는 스스로 부요하다고 생각했지만, 실제로는 곤고하고 가련한 상태였습니다. 당신 역시 영적으로 안주하

면서 그것을 성숙한 신앙이라고 착각하고 있지는 않나요?

- 루터는 "주님의 말씀을 읽고 예배하고자 하는 열망을 잃어 버리지 않게 해 주십시오"라고 기도했습니다. 지금, 당신의 말씀과 예배에 대한 갈망은 어떤가요?

---

3. 말씀과 예배의 은혜

말씀과 예배는 영적 사모함을 지켜 주는 은혜의 선물입니다. 광야에서 예수님은 "사람이 떡으로만 살 것이 아니요 하나님의 입으로부터 나오는 모든 말씀으로 살 것이라"(마 4:4)라고 말씀하셨습니다.

- 마르다처럼 분주한 삶 속에서 가장 중요한 것을 놓치고 있지는 않나요? 마리아처럼 주님의 발 앞에 고요히 앉아 말

씀을 듣고 예배드림으로써 회복되었던 경험이 있다면 적어 보세요.

___

___

___

___

4. 성령의 도우심 경험하기

우리의 힘만으로는 시험을 이길 수 없습니다. 하나님은 이 사실을 알기에 놀라운 선물을 주셨습니다. 바로 우리 안에 계셔서 도와주시는 성령님입니다.

"내가 아버지께 구하겠으니 그가 또 다른 보혜사를 너희에게 주사 영원토록 너희와 함께 있게 하리니"(요 14:16).

▫ 이 말씀을 통해 성령님이 어떤 분이심을 알 수 있나요?

___

___

"이와 같이 성령도 우리의 연약함을 도우시나니"(롬 8:26).

▫ 유혹에 흔들리거나 믿음이 약해졌을 때, 성령님은 어떻게 당신을 붙들어 주셨나요(예: 말씀으로 인도하심, 기도하게 하심, 내면에서 솟아나는 평안, 형제자매의 따듯한 격려 등)?

_____

_____

_____

5. 함께 걷는 여정

우리는 이 영적 전쟁에서 혼자 싸우지 않습니다. 하나님은 우리에게 교회라는 거룩한 공동체를 주셨고, 우리는 서로를 돌아보며 믿음의 길을 함께 걸어갑니다.

초대 교회 성도들은 박해가 심해질수록 더욱 서로를 격려하며 믿음을 지켜 냈습니다. 그들의 거룩한 교제 안에서 삼위일체 하나님의 사랑의 사귐은 현실이 되었습니다.

"서로 마음을 써서, 사랑과 선한 일을 하도록 격려합시다. 어떤 사람들과 같이, 모이는 일을 그만두지 말고, 서로 격려하여, 그날이 가까이 오는 것을 볼수록 더욱 힘써 모입시다"(히 10:24-25, 표준새번역).

▫ 이 말씀은 시험을 이기는 삶에 대해 무엇을 가르쳐 주나요?

_____

_____

_____

▫ 교회 공동체 안에서 서로의 믿음을 붙들어 주었거나 함께 시험을 이겨 낸 경험을 나누어 보세요.

_____

_____

_____

6. 영원한 승리를 바라보며

이 땅에서의 시험과 싸움이 때로는 너무도 힘겹게 느껴지지만, 우리에게는 확실한 소망이 있습니다. 예수님은 지금도 우리의 대제사장으로서 우리를 위해 기도하고 계시며(히 7:25-26; 롬 8:34), 마침내 우리는 모든 시험과 싸움에서 승리하여 하나님의 보좌 앞에 서게 될 것입니다.

"생각하건대 현재의 고난은 장차 우리에게 나타날 영광과 비교할 수 없도다"(롬 8:18).

▫ 이 약속으로부터 가질 수 있는 소망과 확신은 무엇인가요?

▫ 예수님이 지금도 당신을 위해 기도하고 계신다는 사실을 생각할 때, 현재 겪고 있는 시험 속에서 어떤 위로와 힘을 얻게 되나요?

7. 나의 작은 실천

▫ 시험에 들지 않기 위해 실천하고 싶은 것을 적어 보세요
(예: 매일 말씀과 기도로 시작하기, 시험의 순간 주님께 도움 구하기, 믿음의 지체와 함께 나누기, 공동체 안에서 서로 돕기 등).

8. 묵상을 마치며 드리는 기도

☐ 하나님과의 사랑의 사귐 속에서 모든 시험을 이겨 내기를 소망하며, 지금까지의 묵상을 바탕으로 기도를 적어 보세요.

___

___

___

한 주간의 실천 일기

매일 저녁, 시험에 들지 않기 위해 실천했던 영적 습관들(기도, 말씀 묵상, 예배 등)과 하나님께서 시험을 이기게 하신 순간들을 기록해 보세요.

월요일
- 오늘의 영적 실천

___

- 시험을 이기게 하신 순간

- 나의 기도

화요일

- 오늘의 영적 실천

- 시험을 이기게 하신 순간

- 나의 기도

수요일

- 오늘의 영적 실천

- 시험을 이기게 하신 순간

- 나의 기도

목요일

- 오늘의 영적 실천

- 시험을 이기게 하신 순간

- 나의 기도

금요일

- 오늘의 영적 실천

- 시험을 이기게 하신 순간

- 나의 기도

토요일

- 오늘의 영적 실천

- 시험을 이기게 하신 순간

- 나의 기도

주일

- 예배에서 받은 은혜

- 새로운 한 주, 시험에서 승리하기 위한 기도

주기도문
일곱 번째 간구

악에서 구하소서

루터의 기도

이렇게 기도하십시오.

"오, 자비로우신 하나님 아버지, 이 땅에서의 삶은 고난과 재앙, 위험과 불확실함으로 가득 차 있습니다. 그래서 '때가 악하니라'라고 한 사도 바울의 말처럼, 우리는 이 삶에 지쳐 죽음을 갈망하게 될 수도 있습니다. 그러나 자비하신 아버지, 주님은 우리의 연약함을 아십니다. 만연한 악과 죄악에 사로잡히지 않도록 도와주시고, 인생의 마지막 시간이 찾아올 때 이 슬

품의 골짜기를 주님의 자비 안에서 복되게 떠날 수 있도록 해 주십시오. 죽음 앞에서도 두려워하거나 낙담하지 않고, 굳건한 믿음으로 우리 영혼을 주님의 손에 맡길 수 있게 해 주십시오. 아멘."

묵상을 돕는 글

주기도문의 마지막 간구는 우리 삶의 가장 어두운 현실을 직시하게 합니다. 우리는 종종 악을 추상적인 개념으로 여기지만, 실제로 악은 매우 구체적이고 가까이에 있습니다. 뉴스에 나오는 전쟁과 폭력의 소식, 일터에서 마주하는 불의와 탐욕 그리고 우리 마음속에 도사리는 어두운 욕망까지. 이 모든 것이 우리를 둘러싸고 있는 악의 실체입니다. 그러나 주기도문의 마지막 간구는 절망의 외침으로 끝나지 않습니다. 오히려 모든 악을 이기신 그리스도를 신뢰하며, 하나님의 최종적인 승리를 확신하는 믿음의 고백입니다.

악은 하나님의 선하신 창조를 왜곡하고 파괴하려는 힘입니다. 생명이 있어야 할 자리에 죽음을, 사랑이 있어야 할 자리에 증오를, 진리가 있어야 할 자리에 거짓을 심으려 합니다. 우리는 날마다 이 현실을 경험합니다. 가정이 깨어지고, 신뢰가 무너지며, 소망이 좌절되는 일들을 목격합니다. 루터가 살던 시대에도 흑사병이 창궐하고 전쟁이 끊이지 않았으며, 심지어 교회마저 타락하여 하나님의 이름으로 불의를 행했습니다. 이렇게 악이 득세하는 것처럼 보일 때, 삶은 견딜 수 없는 무게로 다가옵니다. 루터는 악이 가득한 현실을 인식하며 이렇게 기도했습니다.

> 오, 자비로우신 하나님 아버지, 이 땅에서의 삶은 고난과 재앙, 위험과 불확실함으로 가득 차 있습니다. 그래서 … 우리는 이 삶에 지쳐 죽음을 갈망하게 될 수도 있습니다.

악의 세력 앞에서 우리는 너무나 작고 연약합니다. 세상에서 마주하는 불의와 폭력, 고통과 죽음의 현실에서 우리는 마치 폭풍우 치는 바다 한가운데 놓인 위태로운 작은 배처럼 무력함을 느낍니다. 그래서 "어찌하여 내가 태에서 죽어 나오지 아니하였던가"(욥 3:11)라는 욥의 탄식이 우리의 탄식이 되기도 하며, 심지어 삶을 포기하고 싶은 절망을 경험하기도 합니다.

악의 궁극적인 목표는 우리로 하여금 죽음을 갈망하게 해 삶을 포기하게 만드는 것일지도 모릅니다. 그러나 바로 이 절망의 막다른 골목에서 우리는 '자비로우신 아버지'를 부릅니다. 삶의 가장 어두운 순간에도 하나님은 변함없이 우리를 지켜 주시는 자비로운 분이기 때문입니다. 우리의 눈에는 폭풍우만 보일지라도, 자비로운 하나님 아버지는 우리를 안전한 항구로 인도하십니다. 그렇기에 가장 어두운 순간에도 우리는 하나님의 자비하심을 온전히 신뢰하며 고백할 수 있습니다. 이것이 믿음입니다.*

자비하신 아버지, 주님은 우리의 연약함을 아십니다.

하나님은 우리의 연약함을 아십니다. 이것은 단순한 지식이 아니라, 깊은 이해이며 공감입니다. 창조주이신 하나님은 우리가 흙으로 지어진 존재임을 기억하십니다.

"부모가 자식을 긍휼히 여기듯이, 주께서는 주님을 두려워하는 사

---

* 루터에게 믿음이란 무엇이었을까요? 루터는 믿음을 "우리 안에 있는 하나님의 역사"라고 정의했습니다. 그는 "나의 이성이나 힘으로는 예수 그리스도를 나의 주로 믿거나 그분에게 나아갈 수 없다"고 고백하며, 믿음은 인간의 의지적 결단이나 노력의 결과가 아니라 전적으로 하나님께서 주시는 선물임을 강조했습니다. 하나님께서 먼저 그리스도 안에서 당신의 사랑과 신실함을 보여 주실 때, 우리는 비로소 그분을 신뢰하며 의지하게 됩니다. 이러한 믿음은 하나님의 은혜로운 주심(giving)과 우리의 수동적 받음(receiving)의 관계 속에서 일어나는 것입니다. Martin Luther, "*Preface to the Epistle to the Romans*," LW 35:370; "Small Catechism"(Creed, Third Article).

람을 긍휼히 여기신다. 주께서 우리를 어떻게 지으셨음을 알고 계시기 때문이며, 우리가 진토임을 알고 계시기 때문이다"(시 103:13-14, 표준새번역).

하나님은 우리의 한계를 아십니다. 그렇기에 우리가 악의 세력 앞에서 얼마나 연약한 존재인지를 헤아리시며, 우리의 연약함을 긍휼히 여겨 주십니다.

그런데 문제는 더 깊은 곳에 있습니다. 우리는 외부로부터 오는 악의 공격에 무력할 뿐 아니라, 내부로부터 솟아오르는 악한 충동에도 굴복합니다. 세상의 불의와 탐욕이 우리를 짓누를 때, 우리 안의 욕망이 그에 호응합니다. 누군가의 미움과 조롱이 우리를 상처 입힐 때, 우리 마음에서도 증오와 복수심이 솟아납니다. 바울이 "내가 원하는 바 선은 행하지 아니하고 도리어 원하지 아니하는 바 악을 행하는도다"(롬 7:19)라고 고백한 것처럼, 우리는 선을 알면서도 악을 택하는 비참한 존재입니다. 루터는 이러한 인간의 이중적 곤경을 직시하며 간절히 기도했습니다.

> 만연한 악과 죄악에 사로잡히지 않도록 도와주시고….

루터의 간구에는 우리 스스로가 악에서 벗어날 수 없다는 절박한 고백이 담겨 있습니다. 우리 모두는 하나님과의 관계가 깨어진 존재입니다. 마치 뿌리가 잘린 나무가 시들 수밖에 없듯이, 생명의 근원이신 하나님과 단절된 우리는 악의 세력 앞에서 무력할 수밖에 없습니다.

그래서 하나님은 놀라운 일을 행하셨습니다. 우리의 환경을 바꾸거나 잠시 고통을 덜어 주시는 것이 아니라, 우리와 하나님과의 관계를 회복시키기로 하신 것입니다. 말씀의 성육신은 바로 이 일을 위함이었습니다. 하나님의 아들이 우리와 같은 인간이 되셔서, 우리가 실패한 그 자리에서 우리를 대신하여 하나님께 온전한 순종을 드리셨습니다. 아담이 불순종으로 잃어버린 것을 예수님은 순종으로 회복하셨고, 단절되었던 하나님과의 관계가 다시 회복되었습니다. 그리고 마침내 십자가에서 예수님은 우리의 모든 죄와 고통을 짊어지셨습니다. 그러나 죽음이 끝이 아니었습니다. 사흘 만에 부활하신 그리스도는 죄와 사망의 권세를 완전히 깨뜨리셨습니다. 빈 무덤은 악에 대한 하나님의 최종 승리를 선포했고, 부활하신 주님은 "내가 세상 끝 날까지 너희와 항상 함께 있으리라"(마 28:20)라고 약속하셨습니다.

이제 우리는 더 이상 악의 세력 앞에서 홀로 서지 않습니다.

물론 악은 여전히 "우는 사자같이 두루 다니며 삼킬 자를"(벧전 5:8) 찾고 있습니다. 그러나 부활하신 주님께서 성령을 통해 우리와 함께하십니다. 성령님은 우리가 흔들릴 때 말씀으로 붙드시고, 연약하여 기도할 수 없을 때는 말할 수 없는 탄식으로 우리를 위해 간구하시며, 지친 영혼에 위로를 부어 주십니다. 악이 아무리 거세게 공격해도 우리는 그리스도 안에서 안전합니다.

또한 하나님은 교회라는 거룩한 공동체를 주셨습니다. 함께 모여 예배하고 서로를 위해 기도할 때, 우리는 혼자서는 견딜 수 없는 영적 전투를 감당할 힘을 얻습니다. 가난한 자들을 돌보고 불의에 맞설 때, "악에게 지지 말고 선으로 악을 이기라"(롬 12:21)라는 말씀이 현실이 됩니다. 물론 우리는 여전히 연약합니다. 때로는 넘어지고, 서로를 향한 사랑을 잃기도 합니다. 그러나 우리는 완성을 향해 함께 걸어가는 순례자들입니다. 그 여정의 끝에서 루터는 이렇게 기도했습니다.

> 인생의 마지막 시간이 찾아올 때 이 슬픔의 골짜기를 주님의 자비 안에서 복되게 떠날 수 있도록 해 주십시오. 죽음 앞에서도 두려워하거나 낙담하지 않고, 굳건한 믿음으로 우리 영혼을 주님의 손에 맡길 수 있게 해 주십시오.

죽음은 악이 휘두르는 마지막 무기입니다. 그러나 그리스도인에게 죽음은 더 이상 끝이 아닙니다. 루터가 죽음을 '복되게 떠나는 것'으로 표현한 것처럼, 죽음은 악이 더 이상 우리를 해칠 수 없는 천국으로 가는 관문입니다. 그날이 오면 모든 악은 사라질 것입니다. 요한이 본 새 하늘과 새 땅에는 더 이상 사망도, 애통도, 아픔도 없습니다(계 21:4). 그때까지 우리는 "악에서 구하소서"라고 날마다 기도하며, 그리스도의 승리를 붙들고 이 믿음의 여정을 걸어갑니다. 이러한 깊은 이해와 소망을 담아, 다음과 같이 기도하겠습니다.

"하나님 아버지, 악이 득세하는 것 같은 이 세상에서 우리를 지켜 주시니 감사합니다. 우리의 연약함을 알고 긍휼히 여기시는 주님, 그리스도의 십자가와 부활로 악을 이기셨음을 믿습니다. 성령의 능력으로 날마다 승리하게 하시고, 교회와 함께 이 믿음의 길을 끝까지 걸어가게 하옵소서. 모든 악이 사라지고 주님만이 영광 받으실 그날을 소망합니다. 예수님의 이름으로 기도합니다. 아멘."

묵상 노트

"악에서 구하소서."

묵상 노트를 통해 주기도문의 일곱 번째 간구를 삶에 적용할 수 있기를 바랍니다. 모든 질문에 답을 써야 하는 것은 아니며, 순서대로 또는 시선이 가는 부분부터 해 볼 수 있습니다.

1. 말씀과 만나기

주기도문의 마지막 간구는 우리 삶의 가장 어두운 현실을 마주하게 합니다. 그러나 이는 절망의 외침이 아니라, 모든 악을 이기신 그리스도를 신뢰하며 하나님의 최종적인 승리를 확신하는 믿음의 고백입니다. 우리의 연약함을 아시는 하나님은 긍휼로 우리를 붙드시며, 그리스도 안에서 우리를 안전하게 지키십니다.

- "악에서 구하소서"를 천천히 세 번 읽어 보세요.

- 이 내용을 읽을 때 떠오르는 생각이나 느낌은 무엇인가요?

▫ 특별히 마음에 다가오는 단어는 무엇인가요(예: '악', '구하소서' 등)?

▫ 그 단어가 특별한 의미로 다가오는 이유는 무엇인가요?

2. 세상의 현실 마주하기

이 세상의 악은 우리가 감당하기에는 너무나 크고 깊습니다. 우리는 매일 뉴스를 통해 전쟁과 폭력, 자연재해와 사고, 질병과 죽음의 소식을 듣습니다. 이웃과 친구들의 고통을 마주하기도 하고, 때로는 우리 자신이 그 고통의 한가운데 서는 순간도 있습니다. 이유를 알 수 없는 고난이, 혹은 인간의 악의가 만들어 낸 불의가 우리를 짓누를 때도 있습니다.

▫ 세상에서 마주하는 악과 고통 속에서 어떤 감정을 느끼나요?

▫ 악이 가득한 현실 앞에서 하나님께 무엇을 간절히 구하고 싶은가요?

3. 악의 본질과 우리의 연약함

악은 하나님의 선하신 창조를 왜곡하고 파괴하는 힘입니다. 생명이 있어야 할 자리에 죽음을, 사랑이 있어야 할 자리에 증오를, 진리가 있어야 할 자리에 거짓을 심으려 합니다. 그러나 더 큰 문제는, 우리 안의 악한 욕망이 외부의 악과 호응하는 것입니다. 바울은 "내가 원하는 바 선은 행하지 아니하고 도리어 원하지 아니하는 바 악을 행하는도다"(롬 7:19)라고 고백했습니다.

▫ 악한 현실 속에서 당신도 모르게 나쁜 말이나 행동을 하거나, 은밀하게 악을 따르고 즐거워했던 적이 있나요? 그때의 상황을 적어 보세요.

4. 긍휼하신 아버지의 품

루터는 "자비하신 아버지, 주님은 우리의 연약함을 아십니다"라고 기도했습니다. 하나님은 우리의 한계와 연약함을 깊이 이해하며 긍휼히 여기십니다.

"부모가 자식을 긍휼히 여기듯이, 주께서는 주님을 두려워하는 사람을 긍휼히 여기신다. 주께서 우리를 어떻게 지으셨음을 알고 계시기 때문이며, 우리가 진토임을 알고 계시기 때문이다"(시 103:13-14, 표준새번역).

▫ 하나님이 우리의 한계와 연약함을 깊이 이해하신다는 이 고백이 악과의 싸움에서 지치고 때로는 넘어지는 당신에게 어떤 위로를 주나요?

▫ 악에 무너져 죄책감에 휩싸일 때도 하나님은 우리를 긍휼히 여기며 품어 주십니다. 당신을 정죄하는 악의 세력 앞에서 '자비하신 아버지'의 놀라운 사랑과 회복을 경험한 적이 있다면 나누어 보세요.

_____

_____

_____

5. 그리스도 안에서의 승리

우리 스스로는 악에서 벗어날 수 없습니다. 하나님과의 관계가 깨어진 우리는 악의 세력 앞에서 무력할 수밖에 없기 때문입니다. 그래서 하나님은 아들을 보내어 우리와 하나님과의 관계를 회복시키셨습니다. 예수님은 우리를 대신하여 온전한 순종을 드리셨고, 십자가와 부활로 죄와 사망의 권세를 완전히 깨뜨리셨습니다. 이제 우리는 그리스도 안에서 안전합니다.

 예수님의 십자가와 부활로 죄와 사망의 권세는 이미 무너졌습니다. 마치 전쟁에서 최종 승리는 확정되었지만 아직 곳곳에서 전투가 계속되는 것처럼, 우리는 이미 승리가 보장된 싸움을 하고 있습니다.

▫ 이 확실한 승리의 약속은 오늘 악과 맞서는 당신에게 무엇을 가르쳐 주나요?

▫ 우리는 이미 승리하신 그리스도와 함께 선한 싸움을 합니다. 지금 당신이 맞서야 할 악은 무엇이며, 이 싸움에서 특별히 성령님의 도우심이 필요한 영역은 무엇인가요(예: 반복되는 죄에서 돌이키는 회개, 깊은 상처의 치유, 용서하기 힘든 마음, 믿음이 흔들리는 순간 등)?

6. 교회 공동체 안에서

하나님은 우리에게 교회라는 거룩한 공동체를 주셨습니다. 우리는 기도와 사랑으로 서로를 붙들어 주며, 선한 싸움에서 함께 승리합니다. 교회는 '진리의 기둥과 터'(딤전 3:15)로서, 악이 가득한 세상 속에서 하나님 나라의 모습을 드러내는 공동체입니다.

▫ 당신은 교회 공동체 안에서 서로를 위한 기도와 격려를 통해 악을 이겨 낸 경험이 있나요? 혹은 그런 도움이 필요했던 순간이 있나요?

―――――――――――――――――――――――――
―――――――――――――――――――――――――
―――――――――――――――――――――――――
―――――――――――――――――――――――――

"악에게 지지 말고 선으로 악을 이기라"(롬 12:21).

▫ 하나님의 진리를 지키고 실천하기 위해, 교회가 사회에서 구체적으로 할 수 있는 일은 무엇일까요?

―――――――――――――――――――――――――
―――――――――――――――――――――――――
―――――――――――――――――――――――――

7. 영원한 승리

루터는 "인생의 마지막 시간이 찾아올 때 이 슬픔의 골짜기를 주님의 자비 안에서 복되게 떠날 수 있도록 해 주십시오"라고 기도했습니다. 죽음은 악의 마지막 위협처럼 보이지만, 성도에게는 그리스도 안에서 영원한 생명으로 나아가는 문이 됩니다.

> "다시는 사망이 없고 애통하는 것이나 곡하는 것이나 아픈 것이 다시 있지 아니하리니"(계 21:4).

- 요한계시록의 약속처럼, 모든 악이 사라질 날이 올 것입니다. 장차 현실로 다가올 미래가 오늘 당신이 겪고 있는 고난에 대해 무엇을 말해 주나요?

8. 나의 작은 실천

- 한 주 동안 악에서 구원받은 자로서 실천하고 싶은 것은 무엇인가요(예: 매일 아침 나의 연약함을 고백하며 하나님의 긍휼을 구하

기, 악한 생각이나 충동이 들 때 그리스도의 승리를 기억하며 기도하기, 교회 공동체와 함께 사회의 불의와 아픔을 위해 기도하고 행동하기, 고통 중에 있는 이웃과 함께하며 하나님의 사랑을 전하기, 하루를 마치며 하나님이 악에서 지켜 주신 순간들에 감사하기 등)?

9. 묵상을 마치며 드리는 기도

▫ 악에서 구원하시는 하나님의 은혜를 생각하며, 지금까지의 묵상을 바탕으로 기도를 적어 보세요.

한 주간의 실천 일기

매일의 말씀을 통해 악을 이기신 하나님의 은혜를 묵상해 보세요.

월요일 하나님의 긍휼하심(시 103:8-14)

- 말씀에서 발견한 하나님의 은혜

- 나의 기도

화요일 그리스도의 승리(골 2:13-15)

- 말씀에서 발견한 하나님의 은혜

- 나의 기도

수요일 하나님의 보호하심(시 91편)

- 말씀에서 발견한 하나님의 은혜

- 나의 기도

목요일 선으로 악을 이김(롬 12:17-21)

- 말씀에서 발견한 하나님의 은혜

- 나의 기도

금요일 그리스도 안에서의 승리(롬 8:31-39)

- 말씀에서 발견한 하나님의 은혜

- 나의 기도

토요일 새 하늘과 새 땅의 소망(계 21:1-7)

- 말씀에서 발견한 하나님의 은혜

- 나의 기도

주일

- 예배에서 받은 은혜

- 새로운 한 주, 악에서 승리하는 삶을 위한 기도

참고 문헌

* Luther, Martin. *Eine einfältige Weise zu beten, für einen guten Freund.* 1535.

* Luther, Martin. "Simple Method How to Pray. Written for Master Peter (Barber)." In *Martin Luther and His Work*, edited by John Treadwell, 210-214. New York: G. P. Putnam's Sons, 1882.

* Luther, Martin. "Preface to the Epistle to the Romans." In *Luther's Works*, vol. 35, edited by E. Theodore Bachmann, 365-380. Philadelphia: Fortress Press, 1960.

* Luther, Martin. "Small Catechism." In *The Book of Concord*: *The Confessions of the Evangelical Lutheran Church*, edited by Robert Kolb and Timothy J. Wengert, 345-375. Minneapolis: Fortress Press, 2000.

* Luther, Martin. *The Freedom of a Christian*, translated by Mark D. Tranvik. Minneapolis: Fortress Press, 2008.